老人居家健康照顧手冊

Health Homecare Handbook for Senior Citizen

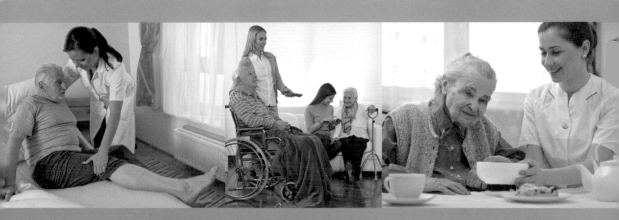

陳美蘭 / 著

國家圖書館出版品預行編目（CIP）資料

老人居家健康照顧手冊 / 陳美蘭著. -- 初版.
-- 新北市：揚智文化, 2016.02
面；　公分

ISBN 978-986-298-212-9 (平裝)

1.老人養護　2.居家照護服務

544.85　　　　　　　　　　　　104028547

老人居家健康照顧手冊

作　　者／陳美蘭
出 版 者／揚智文化事業股份有限公司
發 行 人／葉忠賢
總 編 輯／閻富萍
特約執編／鄭美珠
地　　址／新北市深坑區北深路三段 260 號 8 樓
電　　話／(02)8662-6826
傳　　真／(02)2664-7633
網　　址／http://www.ycrc.com.tw
 E-mail ／ service@ycrc.com.tw
印　　刷／彩之坊科技股份有限公司
 I S B N ／ 978-986-298-212-9
初版一刷／2016 年 2 月
定　　價／新台幣 400 元

＊本書如有缺頁、破損、裝訂錯誤，請寄回更換＊

序　　　　　不平凡的老年幸福學

當醫療科技日新月異，醫療技術不斷求新求好的同時，以預防重於治療為主，以養生為口號的產業，漸漸受到重視並蓬勃發展。然而疾病發生率並沒有因此降低，反而因人的壽命增加而漸增。人生總是在經歷生老病死的課題，當生死學成為探討的課題的同時，一直困擾著台灣社會的「照顧服務」，更應該廣泛被探討。探討的用意，並非讓更多人成為被照顧者，而是藉由瞭解病後的照顧，提醒自己要更注重健康。芬蘭的成功經驗，明明白白讓我們瞭解，維持健康到人生畢業典禮前兩週，他們做得到，我們也可以努力追尋。使自己的老年生活變得很不一樣，我相信你我都想擁有。

三十年前，我涉入長期照顧服務產業，長照產業的發展，從安養到老人長照，從看護到照顧服務員，可以從名詞的創新看出，國內外各項長照相關產業的發展，在在顯示高齡者所面臨最迫切的問題，就是「居家照顧」。社區式老人居家照顧服務漸已成形，在宅老化亦不是口號，活得好又優質是追求老年幸福學的當代人需要的。「健康照顧」是一種新時代的思維，在社區裡營造老人安適養老的各項配套措施，才是台灣長期照顧服務產業發展的新方向。

這是一本因著神的愛所完成的手冊，我不藏私地將三十年的經驗，一一分享給學術界、實務工作者，以及正在就讀老人服務事業、社工、護理、長照等相關科系的莘莘學子們。這本書在撰寫之前，我承諾伊甸基金會，將版稅百分之三十，捐給基金會在早療、身障者各項就業服務、中高齡就業服務、視障者就業服務等事工，希望能幫助更多的人，因著神的愛再站出來。感謝揚智閣總編所提供的專業編排與協助，感謝伊甸基金會執行長、牧師及同工，秉持

著「當社會有需要的時候，伊甸就在那裡」的精神，為台灣社會不斷地努力著，令人感佩。感謝寫作的過程中，給我鼓勵與支持的你們。

　　我希望藉由本書，能夠幫助照顧者，更瞭解實務工作的做法及要點，減輕自己在照顧知識上的不足所帶來的困擾，也期望好的照顧，能讓被照顧者生活得更好。同時更希望藉由本書，讓老人變得更健康，讓讀過我的書的老人，有不平凡的幸福老年生活。也希望本書能嘉惠社工、護理、長期照護等相關科系的學生及實務工作者。期待讀者們將本書分享給更多人，讓愛與關懷傳遍到各地，直到人人平安喜樂。再次謝謝默默為我祝福禱告的你們。

陳美蘭

2015年8月

目　錄

老人居家健康照顧手冊

Chapter

1

疾病徵兆認識與處理

 學 習 目 標

1.身體正常與異常疾病徵象的觀察與記錄

2.疾病徵狀發生的原因及正確處理方法

3.感染保護措施

　　台灣的老化速度，隨著現代醫療技術及科技的進步，老人人口比例逐年增加。台灣自1993年邁入高齡化社會之後，老人人口已經超過台灣總人口的7%。西元2010年之後，65歲以上的老人人口更達到10.7%，總計超過248萬人（內政部，2011）。台灣平均餘命估計男性約76歲，女性約82歲，另有近8成的男性和9成的女性能活超過65歲，半數的男性能活過79歲、女性能活過85歲（內政部，2014）。雖然壽命延長了，疾病卻因飲食歐美化而增加。吃喝太多、壓力、運動不足、身體冰冷，造成血液變髒，引發生活習慣導致的各種疾病。醫療費用和醫生人數快速增加，但罹病人數卻沒有減少，反而越來越多（蕭雲菁譯，2010）。

　　老年的健康議題可以分為初級預防、二級預防和三級預防。初級預防在確認個人危險因子，並鼓勵低脂、低鹽飲食以減少心血管疾病。二級預防是藉由篩選和評估來檢查是否有慢性病。三級預防則是用適當的治療和復健來減少疾病及惡化。疾病預防和健康促進都是很重要的課題，本章茲就身體正常與異常疾病徵象的觀察與記錄、疾病徵狀發生的原因及正確處理方法和感染保護措施三方面，來看實務工作中應注意事項和如何正確執行。

第一節　疾病徵象的觀察與記錄

　　老人的疾病徵象觀察，可以從記錄中看出潛在徵象，或從外在表現看出端倪。一般來說，主要是辨別觀察外表、顏臉、鼻喉、口腔、聲音、皮膚、食慾、睡眠等所呈現的疾病徵兆。通常由案主主訴症狀、照顧者細心的觀察和觸摸及醫生經由檢查發現的身體變化來判別，若在家發現症狀沒有改善且越發劇烈，則需掛號預約相關

症狀門診就醫。以下由辨別觀察疾病徵兆和排尿便常見的問題及簡易照顧措施，來探討疾病徵兆處理。

壹、辨別觀察疾病徵兆

　　一般來說，疾病的徵兆有輕重分別，處理方式也會因而有緩急之分。如何判斷及處置，必須要有判斷的依據。預防保健裡用三段五級來區分從健康到疾病的不同。疾病可以經由健康檢查測出，4W和2H是安排健檢前的步驟（行政院衛生署，2009）。

- What 　　　　什麼是健檢？
- Where 　　　在哪裡做健檢？
- When 　　　什麼時候做健檢？多久做一次？
- Who 　　　　誰要做健檢？
- How / How much 　如何做？多少錢？

　　老人評估（geriatric assessment）是以科際間多元化的診斷步驟來衡量病人的醫藥、社會心理、功能狀況與問題，目的是給予一個整體且長遠的處理。評估的範圍包括：(1)傳統的醫學問題，疾病嚴重程度，功能障礙程度及需要醫療服務照顧的等級；(2)日常生活活動範圍或能力；(3)意識狀況與情緒；(4)社會環境因素，例如交際網絡，家庭或社會支持系統，居住安全與設備問題等（劉樹泉，2000）。因此，在老人照顧服務領域中，疾病徵兆之認識與處理及傷口的處理，是居家照顧服務應學習的重要知識及技能。

一、疾病徵兆之認識

辨識觀察十分重要，疾病徵兆可以從以下狀況中察覺：

1.案主的意識是否清楚。

2.表情是否痛苦。

3.身體的外觀的改變，例如過胖或過瘦。

4.短時間內有水腫的狀況產生。

5.行動力是否自如或無力。

6.表達的字句或字數是否減少。

7.按壓身體穴位比較沒有疼痛感。

8.皮膚是否異常出現疹子或水泡。

9.皮膚出現黑色瘀青。

10.手腳容易抽筋。

11.手腳指甲呈現紫色或灰色。

12.呼吸急促。

13.耳溫高達37.5℃以上。

14.肚子脹氣。

15.手易發抖。

16.有出血現象。

17.偵測血氧、血壓的儀器聲音是否異常。

18.接手照顧後的一段時間身體狀況或傷口出現異常等。

二、疾病徵兆之處理

身體疾病徵象的觀察，除了記錄幫助記憶及提供醫生診斷評估之外，常見的疾病徵兆處理，多在疼痛、發燒、出血等，以出血為

例，人體中的血液占總體重的7%，出血過多會導致脈搏增快、血壓下降、尿量減少、呼吸急促、冒汗、發高燒等症狀。當發現出血時，先確認出血部位，是咳出、解出、吐出或血尿及其他部位，出血量，出血過多造成意識不清，此時就要拿紗布覆蓋並立即送醫。

三、傷口的處理

傷口基部組織顏色區分成紅色、黃色和黑色，以生理食鹽水沖洗和棉棒沾優碘清理傷口，傷口紗布的膠帶建議兩條就好，減少黏貼造成的皮膚傷害，並建議補充高蛋白或蛋白質含量較高的魚類飲食，幫助傷口癒合。其他會讓老人產生傷口的狀況及處理方式還包括：

1. 皮膚乾燥抓癢導致：老人因為生理退化易產生皮膚乾燥導致皮膚癢，建議用凡士林加上乳液，以一比一的比例混合使用，擦拭身體皮膚乾燥處，否則老人易因抓癢導致皮膚產生傷口。

2. 洗澡水溫過高導致：冬天冷，洗澡會使用水溫較高的熱水，容易產生燙傷。

3. 被障礙物絆倒導致：還有老人比較容易跌倒，建議家中電線要收線或固定，家具尖角處以塑膠護具包住保護。

4. 修剪指甲時導致：剪指甲也是產生傷口的原因之一，特別提醒患有糖尿病的長者，在修剪指甲時，要避免傷口產生。無法剪修的指甲，可以用木板製手搓板或軟板拋光板來處理。

5. 移動位置時碰撞導致：下床時要穿襪子或穿鞋子包覆雙足，避免碰撞產生傷口，亦可讓雙腳保暖。

實務經驗分享

患有糖尿病的長者，剪指甲時需注意避免傷口的產生，許多長者因為彎下腰剪指甲十分困難，故會到醫院附近收費低廉的修指甲鋪修剪指甲，建議長者先告知美甲師，長者本身患有糖尿病，請避免傷口的產生，或修剪時，不要一次剪太短。一旦產生傷口，會有截肢的風險。

貳、排泄常見的問題及照顧

一、排便常見的問題

排便通常有便祕（三天以上排不出便）或腹瀉（一天一直拉肚子超過三次以上）兩種，便祕需要觀察顏色，觀察判別到過黑或墨綠色都是腸胃狀況不好所致，若是淺咖啡色且呈現條狀屬於腸胃正常的狀況。而腹瀉會因水分流失而產生脫水現象，在飲食上須多加注意，避免腹瀉造成的不舒適感，這是排便常見的問題。

二、改善便祕的生活照顧

引起便祕的原因很多，對老人來說，大多是生理老化、飲食方式、生活習慣和曾經開刀造成的腸胃蠕動緩慢引起，如何改善便祕的狀況，唯有改變飲食型態和生活方式才得以轉為正常。

(一)飲食方式

1.有便祕症狀的人，飲食宜以易消化食物為主。

2.早餐最重要，無糖豆漿、蒸煮地瓜、芋頭、山藥、蒸蛋、饅頭等都可以簡單製作且容易取得。

實務經驗分享

照顧的過程中，不要提供案主偏方或聽聞未經查證的祕方，曾有服務員因耳聞黑棗有助排便，便好心告知案主家屬多給案主食用，但案主因並未控制食用量，反而造成胃痛及腹瀉的狀況，導致案主與服務員之間產生不愉快的情況，好心卻造成他人困擾，是服務員始料未及的。

3. 午餐要吃得飽，蛋白質、蔬菜、水果、五穀、堅果都需要均衡補充。

4. 晚餐要提早吃，建議在六點前用餐，且避免在晚餐食用肉類或較不易消化的食物。

5. 水分要充足，儘量以溫水或熱湯來補充。

6. 兩餐間儘量不要吃東西，若有飢餓感，可以沖泡芝麻粉、亞麻子粉或十穀粉飲用。

7. 多咀嚼口中食物可以幫助消化。

實務經驗分享

許多年齡超過90歲以上的老人，早餐都會以燕麥或無糖豆漿，配以吐司或地瓜，而午餐以麵或粄取代米食，晚餐則避免喝湯，晚餐後就不再進食或喝水，避免晚上上下床次數增加造成跌倒。蔥、薑、蒜配搭菜色對長者是必要的，偶爾可補充枸杞和紅棗入湯。

(二)生活方式

1. 早睡早起是亙古不變的養生之道，以不超過午夜12點就寢為原則。
2. 早上起床刷牙後，喝杯溫水暖和身體及腸胃。
3. 不久坐或維持同一姿勢過久。
4. 可以將手搓熱後，輕撫自己身體幫助血液循環。
5. 以ㄇ字型方向輕揉或按摩腹部，若有腹脹或排便不順暢的感覺，可以在肚臍上10公分到肚臍下10公分這條線上，以大拇指指腹由上而下滑動數次，或是摩擦按摩輕壓屁股至中點附近，刺激便意。不過時間不宜過長，因為過度刺激，反而會造成肚子疼痛。

三、排尿常見的問題

排尿常見的問題，包括解尿困難、尿結石產生血尿和尿失禁。尿失禁主要是中樞神經功能失調等因素造成，在照顧上男性以尿袋及尿片為照顧耗材，女性則以小看護墊及尿片為主，有時因護理上的需要，醫院或居家護理師會為案主裝上導尿管。

(一)分辨泌尿道感染表徵

泌尿道感染，通常會發燒、陰部疼痛、尿液混濁有臭味、解尿困難、尿急、頻尿、尿失禁、多尿、24小時之尿量少於100cc.，甚至無法尿、少尿、尿瀦留、遺尿等異常現象（林王美園，2005）。老年男性攝護腺肥大時，會造成頻尿、尿急、尿無法排乾淨、餘尿量增加。老人尿失禁會因為膀胱炎、結石、膀胱頸和尿道肌肉無法控制導致咳嗽滲尿、老人失能失智產生的神經病變所造成（張珠玲，2013）。

(二)排尿輸出量記錄原則

　　與排尿輸出量有關的記錄，包括尿液和引流液的記錄。若有尿袋，不可高於膀胱，尿袋中尿液以不超過500cc.為宜（有些醫院衛教是以不超過700cc.為原則），尿管不要壓到或折到，要選擇有刻度的容器或尿壺來裝入後測量並記錄。

(三)膀胱訓練計畫

　　協助案主恢復逼尿肌的張力，達到適當排尿間隔，減少尿失禁次數，訂定飲水排尿時間表，每小時飲用150～200cc.的水，鼓勵案主每小時去排尿，讓膀胱不會因為過脹而導致有感覺尿意時，已經來不及如廁，而尿在褲子上。如廁時練習收縮骨盆底肌肉，禁尿5～10分鐘再排尿，每週增加間隔30～60分鐘，若能延長排尿時間間隔達到2.5～3小時，就是不錯的效果（王玏等，2011）。

　　有疑慮尿失禁的症狀，可以詢問泌尿科的醫生，做腹部超音波，看看是否有餘尿，或是驗尿看看是否有發炎現象。老人有時是因為喝太多水和飲料或湯，等到膀胱脹感覺想尿時，又無力爬起來時，會因為來不及去如廁，導致尿在褲子上，此時，要提醒長者固定時間去排尿，以減輕膀胱的負擔，減少尿濕的困擾。

第二節　疾病徵狀發生原因及處理方法

　　老人疾病徵狀發生原因很多，其中以發燒和疼痛最常發生。以下就發燒的原因及處理方法，以及疼痛的觀察與記錄及照顧，其日常居家照顧方式分述如下。

壹、發燒的原因及處理方法

一、發燒的原因

　　發燒意指體溫不正常的上升。發燒的表徵包括皮膚乾燥、發紅和發熱、尿少、發冷等症狀。體溫是身體體內的溫度，產熱散熱平衡的結果。正常的耳溫在36.5～37.5℃之間，超過38℃，就是發燒。

二、發燒的照顧方法

　　照顧臥床案主時，若在測量耳溫時，發現體溫有升高現象，可以採取下列步驟：

1. 減少穿著衣物，以薄襯衫或吸汗薄衣為主。
2. 將毛毯改成薄被單，遮蓋的範圍以肚子為主，儘量將被子跨過欄杆，讓身體可以藉由自然風或空調的循環空氣，保持身體散熱，但是若出現發冷症狀，可以微加被子。
3. 注意室內溫度是否保持在恆溫26度左右，可以暫時將空調冷氣調低2～3度，待室內溫度調整至恆溫，再將室溫保持在26度左右。
4. 用溫水擦拭臉和身體，讓身體舒適一些可以幫助案主降低體溫。
5. 適度補充水分，因洗腎等因素限水及有嘔吐現象者，不宜隨意給水。
6. 使用冰枕，以毛巾包裹住冰枕避免水沾濕身體。

實務經驗分享

有些案主很怕熱，但是因為臥床無法自行翻身，所以背部經常流汗，體溫升高，此時可以改用薄被單蓋肚子處，腿部不蓋被子，空調降低，就可以立即改善體溫升高的現象。

三、發燒的治療處理方法

發燒的治療方法，在耳溫達38℃及以上時，通常會給予口服退燒藥處理。多休息、保持空氣流通、依醫師指示服藥，緊急且有必要時應送醫治療，找出引起發燒的原因，早期發現，早期治療。

貳、疼痛的觀察與記錄及照顧

疼痛意指感覺神經末梢的痛覺受到刺激，此神經衝動向大腦中樞神經傳遞，透過意識產生痛覺。疼痛會產生不適症狀，對人體有相對警示和保護的作用。以下依照疼痛的觀察與記錄和疼痛的照顧方式分述如下。

一、疼痛的觀察與記錄

疼痛的特徵，依照疼痛的性質，及其發生之位置、頻率、嚴重程度、時間、強弱，可以協助綜合觀察及做正確的判斷。老人身體的疼痛，多數為肚子痛、頭痛、胸痛及肌肉痠痛等。

二、疼痛的照顧方式

疼痛的處理，以不隨意熱敷為原則，依照發生的狀況來判斷照顧方式。當疼痛逐漸加劇且案主已經無法忍受，就應該立刻就醫。

有時候疼痛會合併其他症狀出現，要隨時注意觀察及記錄，保持案主意識清醒。慢性疼痛雖然不須急迫送醫，但是仍要做觀察記錄，回診時給予醫生做診斷評估使用。在居家照顧時，可以用熱敷或按摩來舒緩疼痛的現象。

參、化學治療案主的照顧

化學治療案主的照顧需要注意的項目，包括化療進行前幫案主準備住院需要的盥洗用具等，例如毛巾、牙膏，幫忙確認健保卡是否備齊，化療進行期間，會有18小時的化療時間，且兩次的療程，每2～3週進行一次，共12週，療程因人因病症而異，這期間可能會產生口乾、嘴破、嘔吐等不適的症狀，也要避免傷口的產生，故案主回家後應注意案主身體狀況的變化，服務員應多注意案主的狀況，建議案主多休息、多補充營養。

實務經驗分享

化療的療程每人不同，所產生的不適症狀也因人而異。保持喜樂的心情，面對療程及不舒服的症狀，多運動，轉移疼痛及不適，癌症是可以痊癒的。

肆、人工造口病人的照顧

人工造口病人一般需要3個月的照護，照護期間因為有傷口，需要確認每一個步驟的進行。先準備工具，撕下舊造口袋及造口底座，拿數張濕紙巾將造口袋及造口底座四周擦拭乾淨，用棉棒及生

理食鹽水再稍微擦拭乾淨，灑造口粉在造口周圍，均勻散開，噴上保護膜待乾，總共噴三次，在傷口及凹陷處補上補土，用棉棒的木頭處，輕輕按壓黏土至黏土與皮膚相黏，拿出造口座及剪刀，依照造口的大小剪出形狀，稍加修剪凹凸處，撕開貼片，在中間的外圍塗上保護膏，將黏有保護膏的一面，將圈圈對上造口的大小，黏上造口底座，用棉棒稍微按壓，扣上造口袋，扣緊，底層的黏貼處捲起，黏至不會漏即可，每2～3小時，檢查是否有排便情形，袋子需要從底處稍微讓空氣進入，讓排便順利排出。必要時，可使用專用腰帶固定。造口袋外放置較薄的小看護墊或衛生棉墊防漏，然後用護腰工具幫助造口固定使其不易移動。

實務經驗分享

因大腸直腸癌等病症而需要人工造口手術的案主，所使用的造口底座及造口袋的選擇十分重要，使用材質不佳的底座，曾看過患者造口旁傷口數天內潰爛，化療後腸子更薄，更容易產生傷口。照護上建議先預約醫院專業造口師處理及在旁學習為佳。

伍、燒燙傷友的照顧

老人因獨居、意外所產生的燒燙傷案件，時有所聞。燒燙傷照顧（burn wound care）在國外的文獻資料裡，有相當多的研究，提供一般傷友在居家照顧上的在宅訓練及回覆示教，讓燒燙傷照顧成為大眾知識，藉網路等不同形式的學習方式來分享。以美國Johns Hopkins Hospital Burn Center為例，他們有超過15年以上處理燒燙傷友的經驗，特別高規格整合了醫院整形重建手術、護理、物理及

職能治療、心理諮商、營養、社工、個案管理等部門的專業。在英國每年有25萬人經歷燒燙傷，不論是因為熱液體、熱物體表面、化學物品和電器等所導致。因燒燙傷友的需要（who need what），指引燒燙傷機構（burn facility）、燒燙傷單位（burn unit）和處理最複雜事務的燒燙傷中心（burn center）的層級分類。在這裡，我們僅討論燒燙傷友照護工作（on-going follow-up care）。

對燒燙傷友而言，室溫的控制、洗護的步驟、壓力衣的穿脫、飲食的營養補充等，都必須特別小心留意。室溫空調25～29℃之間，濕度40～50%間為宜，太高會造成痂皮軟化，及早脫落；太低則造成痂皮乾裂，導致疼痛。每3～4小時，檢查傷友肢體脈搏、顏色、溫度、感覺是必須的。觀察感染之徵兆，包括體溫升高，脈搏加速，疼痛加劇，傷口有異味都是照護指標。病人需要學習的包括，癒合的傷口照顧；營養的需要，設計高蛋白、高熱量、高維生素及高礦物質飲食；預防創傷；復健預防肌肉攣縮，瞭解自己的合併症及徵象，才能找出再社會化的方法（呂桂雲等，2012）。

當老人因受傷入院痊癒後返家，案主必須開始學習自理或漸漸獨立，生活上的一些問題接踵而來。藉由更好的居家服務，可協助其生理及心理重建的部分，給予案主及其家人心理支持及提供支持團體活動（burn support group activities）。所有的方案（programs）都希望案主在傷後復原並重新生活。服務員在服務過程中，扮演著陪伴者和照顧者的角色，這友情的建立也將是終生難忘的。

有80%的燒燙傷面積的案主，受傷3年內到生活重建的過程中，仍有居家照顧的需要。在受傷案主自理狀況評估中發現，雖然案主已經可以自行洗澡，但是後背還是洗不到，包紮及穿脫壓力

衣，仍是需要協助。居護工作所需時間評估，從準備工作到整理清潔，至少需要3.5小時，特別是在受傷前期，碰水洗澡、包紮照護所產生的心理恐懼，需要社工個管、居服督導、專業服務員、家屬及各項支持系統的整合與協助，才能幫助受傷者走出陰霾，走入人群，重建生活。

以下提供幾項受傷者注意事項的內容（Do's and Don'ts），包括：

1. 要吃高蛋白、高熱量食物，每天吃一顆綜合維他命直到照護結案為止。

2. 持續在家也要做物理治療的復健運動（physical therapy）。

3. 在太陽下要戴帽子和穿長袖，並擦隔離霜。

4. 持續到醫院或診所做復健運動。

5. 除了洗澡時間之外，都要穿壓力衣或彈性衣（pressure garments），減少疤痕。

6. 每天更換壓力衣或依照醫生指示進行。

7. 注意任何感染症狀，嚴重發冷或發燒，嚴重疼痛，紅腫，新皮膚狀況，臭味。

8. 不可以抓傷口。

9. 不要穿太緊的衣服，那會使傷部受到摩擦，產生水泡及皮膚受傷狀況。

實務經驗分享

壓力衣需用手洗，並使用中性洗衣精，不可以放在洗衣機洗，因洗衣機的清洗方面，會破壞布料的材質，降低壓力衣抑制疤痕增生的功能。

第三節　感染保護

　　感染意指病菌侵入人體後的反應。細菌存在於案主身上和生活環境中。皮膚方面以疥瘡及接觸傳染的皮膚病（台語「皮蛇」等）的隔離，是相對嚴重及重要的。接觸方面，以照顧流感、肺結核病人，是相對嚴重及重要的。以下就其感染隔離措施做說明。

壹、感染隔離措施

一、飛沫及接觸傳染的感控

　　感控原則是阻斷感染源，老人抵抗力較弱，除了照顧者須使用手套、口罩、隔離衣來預防交叉感染之外，也是隔離傳染途徑的方法之一。傳染途徑有飛沫及接觸傳染，經由手、水、環境、空氣、物品傳染。感染物應另外處理再丟棄。在醫院裡面，感控做得十分仔細，感染廢棄物一定是另外處理，抽痰後的痰罐要放置在感染物收集處，有些案主在做輻射性放射物檢查後，其身上會散發出導致不孕的輻射物，其尿片要放在輻射隔離廢棄物專用有加蓋子的桶子中；血液、體液也是需要手套做防護隔離的；手套也是要丟放在感染性廢棄物垃圾桶中。居家照顧時，也要做分類，且於丟棄垃圾時，標示清楚，讓回收人員清楚知道，此廢棄物垃圾袋中裝有感染性廢棄物。

二、環境的清潔方法

　　環境的清潔十分重要，除了家具地板定期擦拭避免塵蟎導致過敏，更換床單、清潔地板等都很重要。可以用漂白水稀釋來做環境

清潔，在每100cc.水中加入1cc.的漂白水即可。若是針對受汙染的物品，需在每100cc.水中加入10cc.的漂白水即可。若是沾染到感染性排泄物，需先浸泡1小時。擦拭後，待5～10分鐘揮發後，才能達到殺菌效果。再以清水擦拭一次，剩餘的稀釋漂白水，可以放置一些時間待其氧化後再倒掉，避免傷害環境。使用稀釋漂白水應保持通風，避免碰到皮膚或眼睛，使用時不可用熱水稀釋，會產生氯氣。不論在機構或是居家，清潔消毒是避免感染傳播的最佳方法之一。

三、疥瘡的感控

疥瘡是疥蟲傳染的皮膚病，夜間會特別搔癢難耐。皮膚會產生紅色疹子或水泡，當發現疥瘡時，除了就醫開藥之外，家中所有物品都要用60℃以上熱水消毒清洗。疥蟲在高溫50℃以上會被消滅，因為疥蟲離開皮膚後，可以在其他物品上存活3～4天，因此，家中物品都要消毒殺菌，才能根除疥瘡的傳染途徑。疥瘡通常是居住在機構中的住民比較容易因群聚感染，當發現疥瘡時，被子可以先用袋子密封兩星期。照顧者若因照顧而感染，應立即就醫，每日沐浴後全身擦藥持續一週的治療，並在至少24小時以上的時間，不可以接觸任何人或至公共場所。

貳、正確的洗手步驟

洗手分為濕洗手和乾洗手。乾洗手的時機為手部乾淨接觸案主前，一般為按壓式噴劑，可以使用手背按壓噴至手心，搓揉雙手20～30秒鐘至揮發為止。使用時注意身邊沒有兒童站立，應避免噴到兒童眼睛。使用酒精性乾洗手液，應注意手背按壓乾洗手液罐的蓋

子到底1～2次，然後以上述步驟搓揉10～15秒至乾。因屬於易燃物品，要避開火源。若傷及眼睛與黏膜，請立即以1,000ml無菌生理食鹽水或清水沖洗15分鐘，必要時送醫就診。

　　濕洗手的步驟可以依照口訣「內、外、夾、弓、大、立、腕」來完成，時間為40～60秒，其正確的洗手方法，口訣為「濕、搓、沖、捧、擦」，濕為打開水龍頭把手淋濕，搓為去除手飾或手錶，使用洗手液執行上述洗手的步驟，沖為將雙手沖洗乾淨，捧為捧水沖洗水龍頭（感應式則免此步驟），擦是用擦手紙把手擦拭乾淨。

　　洗手的時機，為與案主接觸前、後和脫掉手套後等，因為細菌及微生物會在案主身上、案主生活環境周遭之物品及工作人員手上存活，因此不論是否是戴手套的時機，都應該保持雙手清洗乾淨。洗手後在接觸案主之前，仍要穿戴手套，戴手套是保護雙方最基本的方法之一。

參、服藥的注意事項

　　高齡者因慢性病等疾病，需要長期定時服用藥物。然而老人家最常見的服藥問題是忘記吃藥，嚴重的甚至有吃錯藥的問題產生。過往在醫院中因為沒有老年醫學科，導致老人疾病產生時，沒有在個人的所有服用藥做一個整合。然而即使現在有了老年醫學科，老人仍然無法克服記憶力下降導致忘記服藥的問題。服藥應注意什麼？忘了服藥怎麼辦？以下提供參考的資訊。

一、服藥應注意什麼？

　　服藥時間通常在飯後30分鐘，有些藥像血糖藥，就要在飯前30

分鐘服用。另外有些胃藥，需要在飯前30分鐘到1小時前服用，都需要依照醫囑服用。有糖尿病的案主，一定要養成每天餐前測血糖的習慣，隨時注意血糖值的變化。

二、忘了服藥怎麼辦？

忘了服藥如果是在短時間內，立即服用即可，若接近下次服藥時間，就服用下次服藥時間的藥，但是要特別注意身體有沒有不舒服的狀況。可以用藥盒來提醒自己服藥。

三、用藥應注意事項

有些水果例如葡萄柚，是心臟病用藥者不要同時食用的水果。酒精、牛奶、咖啡、茶都不要與藥一起服用。老人有購買偏方和成藥的習慣，建議案主家屬要與案主溝通，或提醒不當服藥對腎臟造成的負擔及可能會引起洗腎的後果。器官移植案主因服用抗排斥藥，避免食用橘子、人參等會產生不適症狀的食物。

 第四節　實務工作示範

以上的實務工作，會使用到的工具，在第一節裡，包括觀察記錄表，傷口處理時所需使用的材料，包括紗布、棉棒、3M膠帶、優碘，褥瘡傷口會使用傷口復原用藥膏或噴粉幫助癒合。第二節裡，包括耳溫槍和冰枕。第三節裡，包括隔離衣、手套、洗手消毒液、擦手紙、乾洗手劑和藥盒。以下實務工作示範，包括洗手的步驟、垃圾廢棄物分類處理和感染隔離措施。

壹、洗手的步驟

一、濕洗手

濕洗手的步驟可以依照口訣「內、外、夾、弓、大、立、腕」來完成，時間為40～60秒，其步驟為：

1.內：搓揉手掌。
2.外：搓揉手臂。
3.夾：搓揉指縫。
4.弓：搓揉指背與指節。
5.大：搓揉大拇指及虎口。
6.立：搓揉指尖。
7.腕：搓揉至手腕。

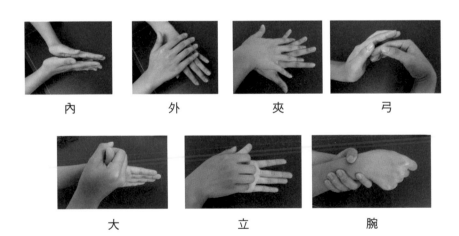

內　　　　　外　　　　　夾　　　　　弓

大　　　　　立　　　　　腕

二、乾洗手

雙手沒有明顯髒汙或傷口時，使用乾洗手會比濕洗手快且有效。乾洗手的步驟如下：

1.用手背或手肘按壓，取2～3ml乾洗手液。

2.指尖於掌心浸泡，旋轉搓揉。

3.搓揉手心。

4.搓揉手背、指背。

5.搓揉指間。

6.搓揉指尖、指縫。

7.旋轉搓揉大拇指、手腕。

8.搓揉至乾，不需再沖水，或使用擦手紙。

貳、垃圾廢棄物分類處理

　　照顧服務中的垃圾，除了家事服務中會產生的一般垃圾、廚餘、回收資源之外，還包括照顧服務後使用過的大小尿片，以及棉片、紗布等傷口護理後的廢棄物，還有抽痰後的抽痰管及痰液的處理。照顧服務後使用過的垃圾，建議另外用不同顏色的塑膠袋裝，標示後再做垃圾處理。

　　抽痰是侵入性醫療行為，照顧服務員不能執行此項醫療行為，但是現在醫療床位不足，加上在宅老化善終的概念推廣，即使在外籍看護工不得抽痰的規定下，案主家人及外籍看護工仍不得不學習如何抽痰。筆者建議抽痰的醫療行為，需經過專業教導及認證後，才能執行此項工作。實務工作上，一般用增加翻身拍背次數、協助側躺、確實做好口腔清潔、使用壓舌棒協助咳痰、抽口水等，都是減少抽痰的方法，減少抽痰次數也可以減輕案主的痛苦。

參、感染隔離措施

感染隔離措施，主要以口罩、隔離衣與手套為主，以下就其選擇及穿戴方法分述之。感染廢棄物，即感染可燃性垃圾，包括抽痰管、橡膠手套、口罩、酒精棉片以及沾血的酒精棉片外包裝、棉籤等，可以再另外標示後回收。

一、口罩的穿戴方法

口罩可以協助阻隔藉由空氣及飛沫傳染的病源，口罩必須完全遮住口鼻，口罩有顏色的部分朝外，金屬片沿鼻樑按緊，口罩應於髒汙後或每日使用後更換。當照顧SARS或更新型病毒引起的呼吸道及肺部嚴重感染的案主時，需戴N95口罩。

二、隔離衣的穿戴方法

當照顧隔離病人時，需穿著隔離衣，且每日更換清洗。有交接班照顧的情形，要於交接班時更換新的隔離衣。隔離衣可以幫助照顧者在接觸案主時，避免皮膚接觸。通常隔離衣會長過膝蓋，隔離衣脫掉後、清洗前，需置放在固定有蓋子且用布包裹的籃子裡，不可隨意放置。

三、手套的選擇與穿戴方法

手套需選擇適合的尺寸，一般分成M和L大小，有透明和黃色兩種，透明的材質較厚，在協助沖洗等工作上較適合，黃色的分成有粉和無粉的，有粉的比較容易穿戴，但是脫下後手上仍沾有粉，可以依照個人喜好及工作分類來選擇使用。穿時要拉至手腕處，脫

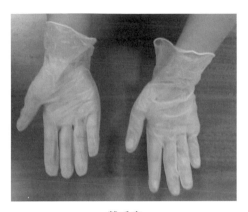

戴手套

時要從手腕處脫下，以一手手套包住另一手手套的方式後丟至垃圾桶。

肆、燒燙傷友的洗護流程

　　燒燙傷友（以下簡稱受傷案主）的洗護時間較長，以80％燒燙傷面積受傷案主為例，一個平常都服務同一受傷案主的服務員的工作時間來計算，洗澡時間至少2.5小時。而以一個有經驗但對此受傷案主的洗護不熟手的服務員來說，洗澡時間至少3.5小時。至於以一個剛受過教育訓練，但對此受傷案主的洗護不熟悉的服務員來說，洗澡時間至少4小時以上。

一、燒燙傷友的洗護步驟

　　受傷案主居護工作需求評估中，包括：(1)洗澡；(2)護理；(3)穿壓（力衣）；(4)洗衣；(5)洗壓（力衣）五項。受傷案主洗澡到穿衣的步驟，依照燒燙傷友居護工作流程分成準備、洗澡、穿壓、整理四個步驟，以下就各項工作內容分述如下。

(一)步驟❶：準備

1.服務員穿乾淨圍裙，開始準備工作。

2.前置準備工作，包括消毒工作無菌檯面，放置衣物、壓力衣、工具及耗材（工具及耗材包括乳液、凡士林、膠帶、4×4即50×90cm及少許10×10cm不織布紗布、大小棉棒、生理食鹽水、剪刀2支、夾子1支、石蠟油布、一次性使用透明塑膠手套）在床上無菌工作檯面。

3.服務員協助脫壓力衣，可以鼓勵案主自己脫壓力衣當作運動。傷口初期會有皮屑，有水泡期，所以在穿脫壓力衣時，動作要輕慢。

4.服務員幫忙用消毒過的剪刀剪開紗布，需要注意剪刀與皮膚間要保持距離，剪開後稍加觀察是否有傷口，用過的剪刀可以先放在盒蓋上。服務員要注意工作姿勢，可以將受傷案主腳放在小椅子上，運用椅子坐著剪開紗布，避免工作姿勢不良造成的傷害。

5.剪下的紗布及膠布等，需棄置在專用垃圾桶中。

6.去浴室前，服務員準備紗布5個，手套2副，橡皮筋1條。

7.紗布都剪開之後，傷友以大毛巾包裹，由服務員偕同走或坐洗澡椅去浴室，服務員可以順手帶著脫下的壓力衣，拿去洗衣間放置，再清洗。

(二)步驟❷：洗澡

1.走進浴室後，先將洗澡座椅沖洗乾淨，再讓案主坐下，避免久站產生的不適及跌倒的風險產生。

2.水的溫度不宜過高，適溫偏涼為宜，因傷友皮膚敏感度很

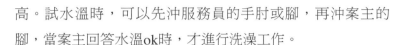

高。試水溫時，可以先沖服務員的手肘或腳，再沖案主的腳，當案主回答水溫ok時，才進行洗澡工作。

3. 從頭洗到腳，包括洗頭、洗臉、洗身體、洗腳，再扶助站立洗臀部。

4. 洗頭要用中性洗髮精，鼓勵案主自己洗，洗髮精不要太油也不要用潤髮乳。可以準備耳塞及毛巾。一般會洗兩次，第一次清潔油垢，第二次再做頭皮輕柔清潔，沖水時避免耳、鼻、眼等進水。準備乾毛巾擦臉及頭髮。

5. 洗澡前先將身體淋濕，軟化皮膚。洗澡時因為傷口少，可以用中性沐浴乳，若有傷口，要避開傷口，在洗澡前要用乾淨的塑膠袋及膠布包覆，避免感染。小面積傷口也可以使用專業的防水包覆膜貼覆，或使用日本進口的洗澡用傷口包覆袋。

6. 洗完澡後，用乾淨的毛巾「壓乾」身體。若案主有穿拖鞋，要拭乾避免跌倒，再用大毛巾包覆，避免感冒。

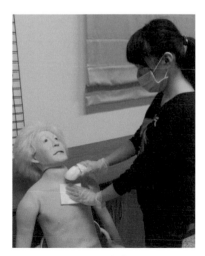

傷友洗澡

7. 可以順道清洗矽膠片或Autoform（台語俗稱紅龜粿），拭乾。

8. 洗澡工作過程發現皮膚有任何異狀或傷口，要註記在工作記錄表中，告知案主、督導及家屬，並與其討論是否提前回診就醫，讓醫生評估傷口狀況及處置措施。

9. 洗澡後，直接沖洗地板及椅子，將浴室地板拭乾。

(三)步驟❸：穿壓

洗澡後回到房內，做皮膚保護、傷口護理、紗布包覆與穿壓力衣。簡易步驟包括：(1)上乳液；(2)擦凡士林；(3)用棉棒沾生理食鹽水擦拭有傷口處；(4)上醫生開立的傷口藥膏；(5)用另外一支乾淨的夾子與剪刀，剪大小適中的石蠟油布貼上；(6)放上及包覆不織布紗布，用膠布黏貼固定；(7)裁剪穿衣用絲襪，穿上包覆紗布；(8)穿上個人壓力衣；(9)穿上寬鬆外衣及黏貼用涼鞋。

◆皮膚保護與傷口護理

1. 將2公分寬的膠帶，裁成10公分長，共20條，將1公分寬的膠帶，裁成10公分長，共10條。

2. 用毛巾再稍微壓乾案主皮膚。

3. 服務員戴上手套，按壓乳液，從腳到身體擦上乳液，第一次由上往下，第二次由下往上。

4. 一定要等乳液乾後，才能包紗布。

5. 若有裝用來擴張皮膚作為植皮用的水球，皮膚的地方可以擦修護霜。

6. 有皮屑的地方，可以用棉棒沾多一點的凡士林塗抹。再在皮膚上擦上一層凡士林。

7. 將4×4不織布紗布打開，用膠帶黏在一起。注意包覆的方

向。

8.案主若有過敏或悶熱起疹子現象，可以先擦醫生開立的藥膏。

9.用棉棒沾生理食鹽水，擦拭傷口或水泡處，因為傷口及水泡上，不能有乳液。

10.傷口處再用棉棒，沾厚一點的「傷口用藥膏」。

11.將石蠟油布貼在傷口和水泡上，要用另外一支消毒過的剪刀剪成2×2公分大小，或依照傷口大小來剪。

12.再貼上不織布紗布。貼紗布時，皆不可以黏貼膠布在皮膚上。

◆紗布包覆與穿壓力衣

1.腳先跨在小椅子上。

2.腳踝的部分：可以將紗布打開1/2，拉一下，讓布開一點，再包覆。

3.紗布全開後，有的可以兩片用膠布貼連在一起，有的可以三片用膠布貼連在一起。

4.右腳包好紗布後，先穿絲襪。

5.腳踝先穿壓力衣（腳的壓力衣）。

6.套上粉紅色塑膠袋在腳上，目的是方便穿壓力衣。

7.再換左腳。

8.要將壓力衣線對線才行，所謂對線，就是腳踝和雙腳壓力衣線對齊。

9.再協助案主穿上寬短外褲。

(四)步驟❹：整理

1.服務員收拾沒有用到的耗材。開過的耗材，之後不可以使用

在傷口處。

2.垃圾袋要包覆倒掉，換新垃圾袋。

3.消毒剪刀及夾子。

4.用手洗壓力衣後再壓乾，晾乾，將洗好的掛好。衣物放在洗
　衣機清洗晾乾。

5.案主至少要備2套壓力衣，每日換洗。

6.壓力衣千萬不可以放在太陽下曝曬。

二、受傷案主照顧注意事項

1.凡士林的功用，是用來隔離皮膚與水，適量取用即可。

2.案主心理建設很重要，不能把傷口弄痛且動作不能太快，服
　務員要有耐心。

3.案主會發現自己越來越退化，會產生創傷後的焦慮症候群，
　此時要多給予鼓勵。

4.服務員和家屬是跟傷友最親近的人，要去瞭解如何陪伴案
　主。

5.要瞭解案主疤痕增生的狀況。

6.醫療糾紛的避免，要做到以下五點，以預防訴訟。

　(1)結疤不能剪。

　(2)要用醫生開的藥。

　(3)若有異狀，要提醒提早回診。

　(4)若有更改處理過程，要告知傷友為何如此處理。

　(5)先做好衛教，告訴傷友有傷口時，有時會多出水泡，要包
　　　好，不然會生水泡，然後最重要的是要做工作記錄。

7.服務提供的最終目的，是希望照顧到案主可以自己洗澡。可

以用簡單測試的方法，例如請傷友摸自己的臉，來測試他是否可以自己洗臉。

8. 燒傷若在嘴巴外圍，嘴唇會外翻，會有流口水的現象。嘴巴皮膚慢慢會萎縮，吃的東西要小塊一點。

9. 有些案主的疤痕容易產生蟹足腫，就是疤痕增生，要注意。

10. 要增加高蛋白、高熱量的飲食，幫助傷口癒合。

11. 傷友傷口照護使用藥及方法，都要依照醫囑執行。

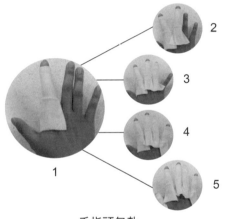

手指頭包紮

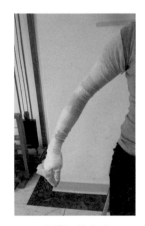

手臂包紮完成

✕　　　○

膠布正確使用方法

老人居家健康照顧手冊

參考文獻

內政部（2011）。「內政部統計通報100年第二週」。內政部統計處。

內政部（2014）。「國人平均壽命持續延長 男性75.96歲 女性82.47歲」。內政部網站http://www.moi.gov.tw/chi/chi_news/news_detail.aspx?sn=8819&type_code=02

王淨總校閱（2011）。《老人護理學》。新北市：高立。

行政院衛生署（2009）。《健康達人125》。台北市：行政院衛生署。

呂桂雲等著（2012）。《新護理師捷徑三——內外科護理》。台北市：華杏。

林王美園（2005）。《照顧服務員實用工作指南》。台北市：華杏。

張珠玲（2013）。《老人照顧概論》（第七章基本生理需求）。台中市：華格那企業。

劉樹泉（2000）。《老人學與老人醫學》。台北市：合記。

蕭雲菁譯（2010）。石原結實、安保徹著（2008）。《遠離疾病的生活常識》。台北市：晨星。

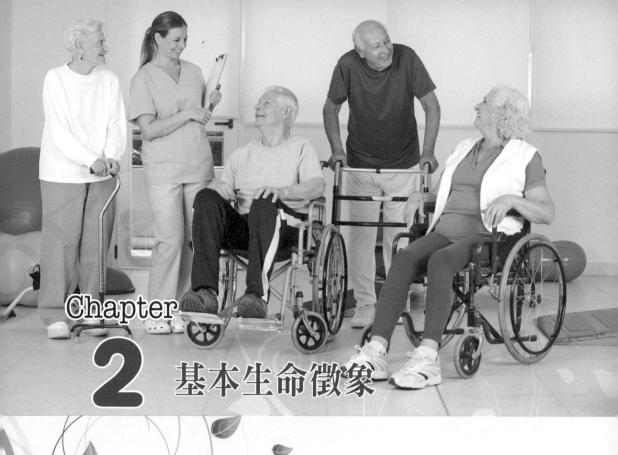

Chapter 2 基本生命徵象

學 習 目 標

1.生命徵象測量的意義

2.體溫、脈搏、呼吸、血壓的認識、測量與記錄

第一節　身體生命徵象測量的意義

生命徵象（vital signs），是評估一個人健康狀態的基本護理功能。身體生命徵象測量的數值，反映生理變化及疾病徵兆的狀況。以下就瞭解基本生命徵象測量的意義及基本生命徵象測量與記錄，來瞭解實務工作的面相。

壹、瞭解基本生命徵象測量的意義

基本生命徵象的種類有體溫、脈搏、呼吸、血壓。瞭解基本生命徵象測量的意義，才能夠幫助疾病徵象辨識與觀察。體溫、脈搏、呼吸（簡稱TPR），血壓（簡稱BP）。基本生命徵象值是健康管理記錄中的重要項目，也有辨識身體異常的功能。

一、體溫

體溫是身體體內的溫度，是食物的氧化與代謝所產生的熱與皮膚70%、呼吸29%、排泄1%過程中產生散熱所維持的平衡結果（林王美園，2005），簡單說是身體體內的溫度由攝取的食物等在體內代謝時產生。體溫是人體產熱與散熱中，使體溫保持恆溫，並受間腦下丘之調節，體溫測量的正常值因測量部位不同而不同（顏家恬，2013）。運動、緊張、發炎等都會造成體溫升高，室溫過低、心肌梗塞、意識不清等也會造成體溫下降。老人一天測量體溫三次，分別是早上起床未運動及進食前、午睡清醒後的運動前及進食前和晚上就寢前。

體溫測量方法為口溫、耳溫、腋溫、肛溫四種。測量時間及方

法，耳溫使用耳溫槍測3秒，是目前居家照顧最常使用的體溫測量方式。口溫為3分鐘，需置於舌下。腋溫需夾住5分鐘，而肛溫需插入1.5吋，且測量3分鐘。正常體溫是37℃，耳溫是36.5～37.5℃。凌晨體溫最低，體溫不可低於35℃。降低體溫的處理方法有多喝水（但限水患者不可多喝）、散熱、減少衣物及被子、保持空氣流通、送醫、依醫師指示服藥及多休息。發燒測值耳溫38℃以上，口溫37.5℃以上，腋溫37℃以上，肛溫38℃以上就是發燒。

體溫過高或過低都不行，體溫過低的定義為小於35℃，若小於28℃為嚴重。體溫過高的定義為大於37.5℃，體溫高於42℃可致命，短時間的嚴重體溫過高甚至會造成無法回復的腦部傷害（楊振亞、王詩晴譯，2013）。台灣的寒冬，獨居或沒有被好好照顧的老人，可能因身體虛弱等狀況造成體溫過低的現象。老人對冷熱感覺比較遲鈍，加上活動少，其他慢性病多，天氣稍冷就有可能發生體溫過低的意外。體溫過高，環境是首要條件，其他原因是自律神經系統功能退化等。改善老人生理退化現象，穿衣行為的改變，不隨便用藥，改善居家環境通風乾爽，都是預防體溫過高的方法（劉樹泉，2000）。

實務經驗分享

當體溫超過37℃時，就要開始做退燒預備動作，首先，先用大小毛巾擦臉及身體降溫，其次減少蓋被量，僅用薄被單蓋肚子即可。衣服要穿薄一點，室內空調調低一點，5分鐘確認一下體溫，並擦拭臉部，將案主側身，協助拍背讓背部散熱，檢查案主下體是否清潔或有排便。

二、脈搏

　　脈搏是心臟打出血液進入動脈系統產生的結果，心收縮時打出，在身體淺表面可觸摸其跳動。測量部位在橈動脈（腕動脈），在手腕外側大拇指側。測量方法是用第2、3、4指置於脈搏測量部位1分鐘。正常值每分鐘72下，低於60則心跳太慢，高於100則太快。老人一天測量脈搏三次，分別是早上起床未運動及進食前、午睡清醒後的運動及進食前、晚上就寢前。

三、呼吸

　　呼吸是指人體吸入氧氣排出二氧化碳的氣體交換過程。平躺時觀察呼吸次數，成人每分鐘14～20（次／分），每分鐘超過24次太快，低於10次則過慢。異常呼吸發生時，應給予氧氣並儘速就醫。老人一天至少早上測量呼吸一次，是早上起床未運動及進食前。先請案主平躺，記錄者再目測60秒的呼吸次數。

四、血壓

　　血壓是血液擊血管壁所產生的壓力，情緒、天氣、疼痛等都會造成血壓升高。單位是mmHg毫米汞柱。收縮壓大於130mmHg或舒張壓大於85mmHg，應接受檢查。收縮壓是心臟收縮時所測的血管壁所受的壓力，舒張壓是心臟舒張時，所測的血管壁所受的壓力。老人須每日量血壓，每日要確實做好測量與記錄，老人一天測量血壓至少早上一次，是早上起床未運動及進食前。臥床須被照顧之案主，一天測量血壓至少三次，分別是早上起床未運動及進食前、午睡清醒後的運動及進食前、晚上就寢前。高齡者可以接受的血壓值是140/90。所以歸納出基本生命徵象的正常值如**表2-1**所示。

表2-1　基本生命徵象正常值與異常值

基本生命徵象	正常值	異常值
體溫 Temperature	耳溫36.5～37.5℃	耳溫38℃以上發燒
脈搏 Pulse	每分鐘72下	低於60到高於100（次／分）
呼吸 Respiration	12～20（次／分）	超過24次太快 低於10次則過慢
血壓 Blood Pressure	一般成人120/80mmHg 高齡者140/90mmHg	高血壓低於100～高於140 低血壓低於70～高於95

　　居家照顧時，會對臥床案主做血氧的測量，血氧正常值，70歲以下是94～98，70歲以上是92～98（楊振亞、王詩晴譯，2013）。表2-2為基本生命徵象測量與合併症狀觀察記錄單。

表2-2　基本生命徵象測量與合併症狀觀察記錄單

日期	時間	體溫	血壓	脈搏	血氧	血糖	傷口觀察	備註

貳、輸出入量記錄的內容

輸出入量記錄（I/O record）是指輸出量（output）和輸入量（input）的記錄。**表2-3**是「輸出入量&翻身記錄單」，記錄日期、時間、輸入量、排尿、引流管、排便、顏色、翻身。記錄單的時間，以AM及PM來區分上午和下午，輸入量主要是以管灌奶及吃藥時的水為主。排尿、排便記錄，通常會在翻身的時間點出現記

表2-3　輸出入量&翻身記錄單

日期	時間	輸入量	排尿	引流管	排便	顏色	翻身左	翻身中	翻身右
2/1	00:00 AM			（無）					v
	2:00 AM		50				v		
	4:00 AM		110						v
	5:00 AM	30藥							
	6:00 AM		30		100尿便	黃綠	v		
	8:00 AM	240奶＋30水	60						v
	8:30 AM	30藥							
	10:00 AM		90				v		
	12:00 PM	240奶＋30水	60						v
	12:30 PM	30藥							
	2:00 PM		90				v		
	3:00 PM	240奶＋30水							
	4:00 PM		60						v
	6:00 PM	240奶＋30水	90				v		
	6:30 PM	30藥							
	8:00 PM		60						v
	10:00 PM	240奶＋30水	90				v		
2/2									

錄，管灌前一定要翻身拍背。若要化痰，需在管灌前執行。翻身每兩個小時一次，主要是以左右為主，因為通常案主會越躺越平。可以在兩小時中間，或清潔的時候，協助案主躺平。

翻身卡有三種模式，可以放在床頭提醒翻身的時間及翻身的姿勢位置（**表**2-4、**表**2-5）。翻身的部分可以參考翻身卡執行工作。翻身卡的製作如**圖**2-1所示。這樣的翻身法，對於脊椎開刀，會自己扭動身體變成平躺的案主適用。

翻身前要更換尿片，尿片秤重時，要扣除尿片和沖洗時用水量。例如王阿媽尿片秤重500，大看護墊重100，大尿片重75，小看護墊重35，沖洗時用水量40，則此次輸出量為250。

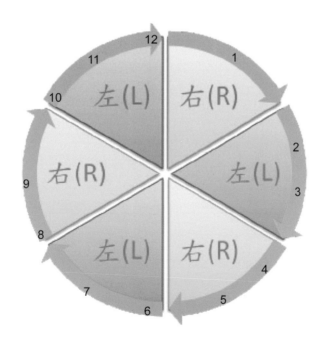

圖2-1　**翻身卡**

表2-4　翻身時間表

翻身卡			
時間	左躺	平躺	右躺
7:00	*		
9:00		*	
11:00			*
13:00		*	
15:00	*		
17:00		*	
19:00			*
21:00		*	
23:00	*		
1:00		*	
3:00			*
5:00		*	

表2-5　床頭翻身參照表

翻身卡			
班別　　時間　　姿勢	左	右	平
白班	9 AM 3 PM	11 AM 5 PM	1 PM
晚班	7 PM	11 PM	
夜班	3 AM		

 第二節　體溫、脈搏、呼吸、血壓的認識、測量與記錄

　　以下分述認識測量體溫、血壓的工具及測脈搏的部位及測量方法。

壹、認識測量體溫、血壓的工具

一、測量體溫的工具

測量體溫最常使用的工具是耳溫槍，現在已經鮮少人用水銀溫度計測量。耳套若是使用在同一人身上，在無髒汙之前，可以重複使用，但是要放置在耳溫蓋中。若是使用在非同一人身上，則用後即丟棄。耳溫槍的使用方法，將測量口移至耳朵口，需先按開開關，待測出耳溫時，耳溫槍約3秒鐘會發出聲響，表示測量值已經出現，倘若發現耳溫值不正常，欲做確認，可以換另一耳朵再測一次。

二、測量血壓的工具

測量體溫最常使用的工具是電子血壓計，血壓計有分成坐式大型血壓計、坐臥兩用血壓計、手腕式血壓計等，現在居家已經鮮少使用聽診式水銀血壓計。血壓計應與心臟等高，安靜5分鐘後再測量比較好。

貳、測脈搏的部位及測量方法

參考第三節生命徵象測量——脈搏。

 第三節　實務工作示範

生命徵象測量是實務工作中很重要的一環，丙級證照考試中從準備工作到完成表單及完成整理，給予20分鐘的時間。從洗手、測

量到互動、尊重隱私，都是評分的標準。操作過程中必須注意案主安全，避免跌倒，注意衛生清潔，機器用後須關閉電源以節省能源耗用和延長機器壽命。可以準備一個袋子或托盤，居家可以將測量用品放在同一個抽屜或盒子裡。居家照顧中，互動是很重要的，例如在測量前，告知案主「阿公，我要幫你量體溫喔」，「阿嬤，我要幫妳量血壓，妳躺著先不要動喔」，「陳先生您好，我要幫您測量脈搏及呼吸，您先把手放平躺好」等親切的互動，測量好後告訴案主測量值，然後立刻做記錄在工作記錄單上。

壹、生命徵象測量──體溫

使用耳溫槍就可以測量耳溫，要記得裝上耳溫槍透明套子，保持乾淨。在機構有時候會使用測量額頭處體溫的器材，但實務操作上還是以耳溫槍為主。

耳溫槍　　　　　　　　　　　　量耳溫

貳、生命徵象測量——脈搏

　　測量時建議要先平躺，坐著也可以，保持正常呼吸狀態，可以測15秒計次，再乘以4，可以得知數值。先找到肱動脈，用食指、中指和無名指一起壓，可以感覺到脈搏搏動點（參考第八章）。

量脈搏

參、生命徵象測量——呼吸

　　測量時要先平躺，保持正常呼吸狀態，可以測15秒計次，再乘以4，可以得知數值。

肆、生命徵象測量——血壓

　　血壓一天至少測量兩次，測量血壓在早上起床後用早餐前，還有晚上睡覺前，若是時間允許，可以增加一次在午睡起床前。測量前要平躺5分鐘，保持好心情，避免情緒緊張或壓力過重，測量前30分鐘不可以運動，會影響到測量值的準確性。測量帶的鬆緊度以兩個手指平放可伸入為原則。

　　要注意的是，每天要量血壓，血壓不可太高或太低，血壓太低時，例如98/55，平躺並補充水分。血壓太高時不要去沖熱水澡，血壓維持在120/70為優。若有頭昏現象，就去床上休息。

參考文獻

林王美園（2005）。《照顧服務員實用工作指南》。台北市：華杏。

楊振亞、王詩晴譯（2013）。Richard Leach著。《彩色圖解急重症照護醫學快速學習》。台北市：合記。

劉樹泉（2000）。《老人學與老人醫學》。台北市：合記。

顏家恬（2013）。《老人照顧概論》（第六章基本生命徵象）。台中市：華格那企業。

Chapter
3 基本生理需求

學習目標

1. 認知知覺之需要
2. 管灌案主基本營養之需要與協助餵食

　　老人有其基本生理需求，適當休息與休閒、睡眠的促進以及管灌案主基本營養之需要，都是滿足基本生理需求的一部分。本章茲就認知知覺之需要及管灌案主基本營養之需要與協助餵食分述之。

第一節　認知知覺之需要

　　老化與發展心理學裡，老人的認知意指透過形成概念、知覺、判斷或意象等心理活動來獲取知識的過程，即個體思考進行訊息處理的心理功能。認知能力降低與大腦老化、腦神經疾病等有關。認知知覺是可以訓練的，以下分述藉由適當休息與休閒和促進睡眠的照顧措施兩點，如何來改善老人的健康。

壹、適當休息與休閒

　　老化的意義是活得老、活得好和活出有意義的生活，也是新生活的開始，重新面對和思考身體器官退化後，要重新規劃的人生。避免恐懼，保持快樂 。老人的休閒生活要娛樂性、知識性、技藝性、藝術性、休憩性、健身性、社會性、宗教性等，以達到身心靈的平衡狀態。

貳、瞭解促進睡眠的照顧措施

　　慢性病預防，除了補充飲食營養、注意排尿排便狀況之外，快樂指數和睡眠狀況也會影響到身體健康。松果腺素（退黑激素）受光線透過視網膜神經傳至下視丘，進而抑制分泌。中和並清除自

出基後，強化免疫功能，促進睡眠，調節晝夜韻律。快樂的感覺會使腦部分泌「血清素」，保持快樂幸福感，對人體很有益。老人的心理疾病，往往會影響到其睡眠狀況，焦慮的人無法放鬆、容易緊張，可以增加日照、改善睡眠品質著手。

以路易氏失智症患者為例，案主有作息日夜顛倒的困擾，認為晚上是白天，所以夜間開始活動和進食，造成自己的作息不正常，也連帶讓照顧的家人疲累。對於日夜顛倒的情形，可以透過提供照顧服務人力的機構或單位，先安排整日照顧人力，早上讓案主早起，出去散步運動，中午再回來用餐，安排午休後，再帶案主去走路運動，傍晚回家用餐，沐浴後，再讓案主睡覺。這樣的作息調整，少則三日，慢則三個月有可能回覆到正常的作息時間，但是這段時間，要配合認知訓練（附錄一）。訓練案主看時鐘，知道白天或晚上的分別，晚上睡覺要關燈並開夜燈，讓案主感覺白天與夜晚的不同。案主在舒適的環境下，睡眠時間增加的情形之下，才會造成夜晚無法入睡，實務工作中發現調整作息後，照顧者的照顧負擔減輕，案主得到適切的夜間休息時間。

實務經驗分享

腦中風患者若患有表達困難等情形，在居家陪伴時，可以藉由認知訓練活動方案來改善，選「月亮代表我的心」等長輩朗朗上口的歌曲，讓長者聽，雖然長者無法唱出歌詞，但是對哼唱旋律，打拍子，卻十分準確，同時亦有平撫情緒的作用。

第二節　管灌案主基本營養之需要與協助餵食

　　管灌案主有其基本營養之需要，通常案主在醫院裡面已經有整日的飲食流程計畫，出院回家後，基本上是按照在醫院裡面已經執行一段時日，且消化吸收正常的飲食流程。灌食有其定義、種類及注意事項，同時要確實執行各項細項照顧工作。

壹、灌食的定義、種類及注意事項

一、灌食的定義

　　案主因為暫時性或失能之故，造成無法從口進食的狀況時，就會用鼻胃管管灌進行灌食，以補充案主一日身體所需之營養及熱量。飲食不僅需著重於疾病營養認知問題，更要依個別情況指導健康食物的選擇及維持理想體重（施淑梅、吳宛真、劉麗娟、吳彥雯，2015）。老年期的營養需求包括熱量、蛋白質、醣類與脂肪。長期臥床或使用輪椅，熱量需求只需1,350大卡（簡慧雯、范俊松、陳俊佑、張之妍、陳雪芬、顧家恬、張珠玲等，2013）。不過仍需考量身高、工作勞力付出程度等因素，來計算其所需之熱量。

二、灌食的種類

　　管灌是指插有鼻胃管或做胃造廔管灌的案主進食的方式，通常分成空針式管灌和吊掛式管灌。空針式管灌主要以空針裝入鼻胃管，依照空針擺位高低，灌入罐裝配方奶，通常需要10～20分鐘，依牛奶濃稠度和案主消化程度有快慢之別。吊掛式管灌，是將罐裝配方奶放入管灌袋中，吊掛在點滴架上，慢慢滴入管中，通常需要

一個小時（參考第三節）。

三、灌食的注意事項

有時候因為管灌案主需要增加鹽分，會分次加入餐中，建議先用10cc.溫水與鹽巴一起搖晃均勻，再灌入管中。鹽巴放在管灌配方奶中，容易凝結成塊，造成管灌上的困擾。因腎臟疾病限水的病人，水分的補充是有受限制的，故要衡量給水總量給予灌水量。

四、管灌案主基本營養需要

管灌飲食一天通常分為五餐到六餐，五餐通常為早上8點、中午12點、下午3點、晚上6點和晚上10點。若是以罐裝配方奶為餐點，一天約略可以喝到1,250cc.，加上每餐飯前30cc.、飯後30cc.的水，和吃藥灌的水30cc.，約略450cc.的水。每家廠商的罐裝配方奶濃度不一，管灌起來速度上就會有快慢之差。有時案主家屬會要求要增加自行購買的營養補充品，可以建議家屬先與醫生討論後再決定是否增加進食量。因為洗腎限水案主，是不能隨意增加水量或進食量。有些居家照顧案主家人，會要求做流質食物（飯菜或蔬果打成泥狀）給管灌案主，但是流質食物容易造成管路阻塞，若是過篩又會有補充不到纖維質的問題，管灌流質建議使用罐裝配方奶。

五、協助餵食

臥床者儘量不要用吸管喝水，可以用湯匙替代，或加入黏稠劑幫助吞嚥。下巴太高，食物容易進入氣管，造成吸入性肺炎。不須餵食的案主，照顧者可以利用特殊餐盤或輔具幫助長者自行用餐。餵食時用湯匙慢慢餵食，待患者吞嚥下口中食物，再繼續餵食。不論是飯前藥或飯後藥，建議隔30分鐘餵食。

> **黏稠劑**
>
> 　　黏稠劑是協助吞嚥液體容易嗆到的案主，將黏稠劑加入水中，使水變濃稠，比較不容易嗆到。

貳、執行鼻胃灌食的步驟

　　臥床病人，床頭要搖高60度至75度以上，飯後保持一小時後，才能搖低，目的在幫助消化吸收。管灌的步驟，一般口訣是「搖、抽、通、灌、沖、淨」。反抽後可以再加入備奶的步驟。所以管灌前，先反抽確認上一餐牛奶或食物已經消化，反抽量少於60cc.就可以進行管灌，若反抽量高於60cc.，則要靜待半到一小時後，再做反抽的動作，確認前餐牛奶是否已經消化。備奶是準備牛奶，通常都是用管灌配方牛奶，依照案主病症購買，先隔水加熱。灌30cc.清水軟化管子（簡稱軟管），然後將空針與管子接上，要壓管子避免空氣跑入，然後依次灌牛奶。管灌後加入30～50cc.清水，可以分三次倒水，讓鼻胃管保持乾淨。管灌完成後，蓋上鼻胃管蓋，將鼻胃管放置在床頭。然後清洗用具，瀝乾和拭乾。

> **管灌時床頭高度**
>
> 　　管灌時，床頭高度的角度，每一個衛教單位對床頭搖高的高度要求不同。原則上保持在45度以上，還要視案主的舒適度，適當調整高度及加放靠枕。

 第三節　實務工作示範

　　鼻胃管灌食工作，看起來簡單，但是必須特別注意每一個小細節，特別是不能在管灌進行中，讓空氣跑到管子裡，造成脹氣。除了鼻胃管灌食有其要領之外，鼻胃管照顧包括注意鼻管位置、更換鼻貼等，都是不能輕忽的照顧動作。

壹、鼻胃管灌食

　　管灌步驟為搖、抽、備、通、灌、沖、淨，備奶的流程也很重要，此七步驟意即「搖高、反抽、備奶、通水、灌食、沖管、沖淨」。以下就其各項步驟做示範及說明（**表**3-1）。

表3-1　管灌步驟

順序	步驟	示範圖片	動作說明
1	搖高		• 先將床頭搖高到45度以上，建議介於60度～75度 • 在枕頭旁放一條小毛巾

（續）表3-1　管灌步驟

順序	步驟	示範圖片	動作說明
2	反抽		• 反抽看消化 • 奶量超過60cc.就先不要餵（有些單位要求是50cc.） • 等半小時到一小時後，再反抽一次，直到確認消化為止
3	備奶		• 冬天需溫熱牛奶 • 夏天視情形溫熱牛奶 • 注意溫度不要太燙
4	通水		• 開始管灌前，注意不要讓空氣進入 • 左手抓緊管子 • 右手拿杯子

（續）表3-1　管灌步驟

順序	步驟	示範圖片	動作說明
5	灌食		• 一罐約240cc. • 分成5次倒入
6	沖管		• 最後再沖水50cc. • 可以分次
7	沖淨		• 最後沖洗乾淨，擦乾

　　飯後30分鐘給藥時，需準備研磨碗，用杵磨藥成粉狀，放入小藥杯或小量杯中，加20cc.清水，用小湯匙或利用小棉棒木頭端攪拌，管灌後再以10～30cc.的清水沖管，水量依照醫生建議，照顧上若有限水案主，通常總量30cc.，無限水則50cc.，有些案主因需補充水分，甚至單次總量達100cc.。

　　近兩年來，管灌袋的使用十分常見（**表3-2**），特別是針對臥床等因素，造成消化不良案主，管灌的時間約30分鐘到1小時，視滴管調整的速度。實務工作中，建議照顧者不要放熱水在管灌袋後面來預熱牛奶，一則會產生塑化劑等有害人體物質，二則無法控制牛奶熱度，可能會因為太燙造成傷害。夏天在常溫下可以直接管灌，冬天則事先隔水預熱後，再倒入管灌袋中。

貳、鼻胃管照顧

一、鼻管位置

　　剛接手照顧時，鼻胃管需做記號和測長度，看當時鼻孔處在哪一個刻度上，可以在觀察表上做記錄或是直接在管子刻度上做記錄。鼻胃管的長度，由劍凸開始測量，若案主有拉扯鼻胃管的問題，建議讓患者戴上約束（防抓）手套，並以約束帶固定在床側，電動病床下方有一個短欄，是約束帶綁住的固定點。若鼻胃管仍被拉出，一定要立刻聯絡居家護理人員到府重插，或送急診重插，千萬不可自行將鼻胃管推回鼻內。第一次約束前，一定要經過家屬同意，並簽立約束同意書（**表3-3**）始可做約束動作。

表3-2　管灌袋的使用

順序	步驟	示範圖片	動作說明
1	搖高反抽	依照反抽步驟	
2	管灌1		倒奶
3	管灌2		接頭插入
4	管灌3		調整滴管速度
5	管灌4		牛奶滴完後將鼻胃管之轉輪轉至最左，就可鎖住管子
6	沖淨		沖洗乾淨

表3-3　約束同意書範本

約束同意書

　　案主＿＿＿＿＿＿＿＿因＿＿＿＿＿＿＿＿狀況，有約束之必要，此同意書在說明身體約束的必要性及工作替代方案，服務案主因會有意識或無意識的拔除管路，例如鼻胃管等，導致案主必須就醫或申請居家護理師，協助鼻胃管重新插入，為避免增加插管次數造成的身心靈層面的傷害，請家屬同意適度的使用「約束手套」及「約束帶」，必要時在輪椅上，若有跌倒的風險時，請同意使用「座椅用約束三角圍巾」。

　　約束手套之使用，鬆緊度為兩指寬度，帶子在束綁時，需確認鬆緊度，不打死結。約束帶使用在手上，鬆緊度亦為兩指寬度，固定在電動床中間下方短桿處，手需可以移動，中間點以鼻子到床下短桿之間為宜。座椅用約束三角圍巾，固定在輪椅後方，前方建議放置大浴巾或外套，以尊重約束案主之尊嚴。

　　約束是暫時性的處置方法，若照顧者在旁時，建議1到2小時，或翻身時，將約束手套或約束帶解除，協助案主適度的按摩運動，保持手部乾爽無臭味，作為約束之工作替代方案。約束為暫時性之工作，需隨時做評估，評估結果可與家屬、居家護理師或醫師討論後決定。

立同意書人：＿＿＿＿＿＿＿＿＿　　　身分證字號：＿＿＿＿＿＿＿＿＿

與案主的關係為＿＿＿＿＿＿＿

地址：

電話：

（若無家屬或獨居者，需要兩名見證者簽名。）
見證人1＿＿＿＿＿身分證字號＿＿＿＿＿＿

見證人2＿＿＿＿＿身分證字號＿＿＿＿＿＿

民國＿＿＿＿年＿＿＿＿月＿＿＿日

約束同意書

　　約束同意書是在約束前，經過家屬同意，並簽立同意書後，始得約束。約束的用意，在保護案主因不斷地拉出鼻胃管，需反覆插入產生的疼痛與傷口的產生。若有服務員在側，可以不使用約束方式，但仍需隨時注意。

約束手

固定後要讓手仍可活動，但是拔不到鼻胃管

固定處在床下欄杆處，不可固定在會移動的床欄上

二、更換鼻貼

除了洗臉之外，管灌案主需要每日更換鼻貼及清潔鼻孔。鼻貼的長度，約剪下膠布7公分左右，將一半膠布的長度，剪開二分之一，未剪開的部分，先黏在鼻樑接近鼻孔上方偏右處，剪開的部分，一段旋轉黏在管子上，另一段旋轉也黏在管子上，此時即固定。隔日未剪開的部分，先黏在鼻樑接近鼻孔上方偏左處，其他步驟一樣。

更換鼻貼

三、清潔鼻孔

清潔鼻孔時，要準備小棉棒至少2支，還有生理食鹽水。將小棉棒沾生理食鹽水，開始清潔鼻孔。因為插鼻胃管時，有沾凝膠幫助推入，故鼻孔會有些髒汙，案主會感覺鼻孔不適，想要摳鼻孔，但此舉容易不小心讓鼻胃管鬆脫掉落出，而必須重新插，所以清潔鼻孔是十分重要的。

參考文獻

施淑梅、吳宛真、劉麗娟、吳彥雯（2015）。〈心導管治療之冠心病患者的飲食及生活型態探討〉。《台灣營養學會雜誌》，39(4)，113-119。

簡慧雯、范俊松、陳俊佑、張之妍、陳雪芬、顧家恬、張珠玲、張文欽、林秀慧、黃香香、連靜慧、張惠甄、王文華、張倩華、陳翠芳、賴秋絨（2013）。《老人照顧概論》。台中市：華格那企業。

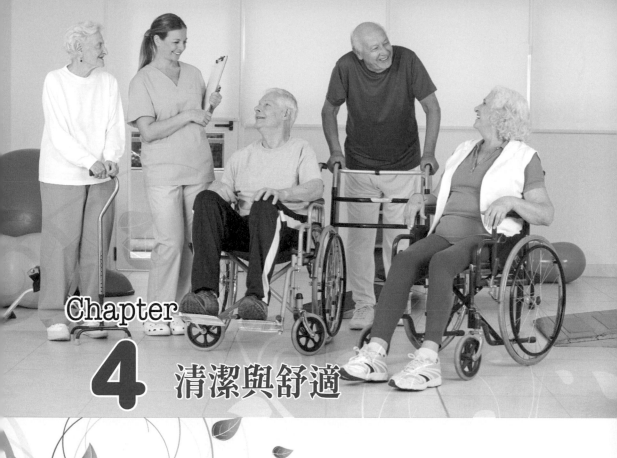

Chapter 4 清潔與舒適

 學習重點

1.個人衛生
2.照顧服務專業工作技能

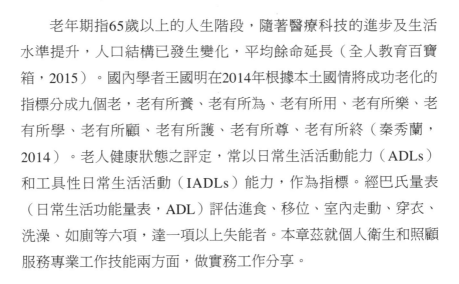

老年期指65歲以上的人生階段，隨著醫療科技的進步及生活水準提升，人口結構已發生變化，平均餘命延長（全人教育百寶箱，2015）。國內學者王國明在2014年根據本土國情將成功老化的指標分成九個老，老有所養、老有所為、老有所用、老有所樂、老有所學、老有所顧、老有所護、老有所尊、老有所終（秦秀蘭，2014）。老人健康狀態之評定，常以日常生活活動能力（ADLs）和工具性日常生活活動（IADLs）能力，作為指標。經巴氏量表（日常生活功能量表，ADL）評估進食、移位、室內走動、穿衣、洗澡、如廁等六項，達一項以上失能者。本章茲就個人衛生和照顧服務專業工作技能兩方面，做實務工作分享。

第一節　個人衛生

老人清潔與舒適方面，個人衛生很重要，特別是在口腔清潔的部分，以下就口腔清潔與維護毛髮的整齊清潔分述之。

壹、瞭解口腔清潔的重要性及目的

口腔清潔，一般是用貝氏刷牙法，預防蛀牙、牙菌斑、牙結石等。而無法自行刷牙的失能者，則需要協助口腔清潔。冬天時，嘴唇容易乾裂，可用護唇膏避免唇裂。管灌臥床案主較易口乾及生舌苔，一般人會去清舌苔，可以用海綿棒或中棉棒沾水清潔，用過即丟，不可重複使用。

「貝氏刷牙法」的步驟有四，說明如下（陳芳琪，2015）。

1.選用適合的牙刷，以軟毛、小頭為佳。

2.作橫向短距離的刷牙動作，牙刷握柄保持平衡。

3.將刷毛對準牙齒與牙齦的交接處，涵蓋一點點的牙齦，刷毛與牙齒呈45～60度角，兩顆兩顆來回刷。

4.刷牙要有次序性，清潔牙齒外側、咬合面及內側，避免遺漏；每個部位至少刷10～20下。至少刷3分鐘以上。

實務經驗分享

在中醫理論中，舌苔是中醫生判斷疾病的一項重要部位之一，故中醫會不建議清舌苔，以便讓中醫生可以判斷得更詳細。若照顧之案主正在看傳統中醫，建議詢問中醫生舌苔之照顧。

照顧臥床案主之口腔清潔時，不建議穿手套後，以紗布深入口中清潔，原因是案主可能因緊張而咬住照顧者的手指，造成傷害產生。

貳、維護被照顧者毛髮的整齊清潔

毛髮對頭皮有保護作用，對長者來說，會有一段面對並適應灰頭髮的時間，染髮或維持自然白髮，是大多數老年人都會面對到的選擇。染髮劑的選擇及使用很重要，原因在染髮時，會因所染的顏色而增加染髮的次數，染淺咖啡色比較容易退色，會導致增加染髮的次數。由白或灰而染黑的染劑所含的化學成分，對頭髮的傷害較低。染髮劑的選擇，除了要注意保存期限，還要慎選使用品牌。刷上染劑於毛髮時，需離頭皮0.5吋處的毛髮上開始刷上染劑，不可以染在眉毛上，也不要噴到眼睛，會導致失明。許多婦女會自行買

染劑在家染髮，要特別注意保護眼睛，染髮前記得在髮際邊緣塗上凡士林保護皮膚，並注意在塗染髮劑時，染劑不要碰到頭皮。

個人使用的髮梳，不可公用，若髮梳上殘留有毛髮，要清潔乾淨，並清洗且瀝乾或擦乾。多數老人喜歡留短髮，較易整理，失能或身心障礙者出門修剪頭髮比較不方便，可以在家自備男士電動推剪，儘量用1號或2號，保留一些頭髮保護頭部，側面及後頸部可以推剪修毛髮。工具使用前要充足電源，使用前要用酒精棉片消毒，使用後要消毒乾淨。

老人頭皮較不易出油，洗髮精的選擇上，要適合乾燥髮質或一般髮質用的即可。失能的長輩，若可以下床，洗頭的時候，要戴耳塞和洗頭用頭套，可以用毛巾遮掩眼臉，避免洗髮水流入眼睛，過度刺激眼睛。照顧者要穿上防水圍裙、手套及防水鞋。

第二節　照顧服務專業工作技能

學習照顧服務專業工作技能，不但是一項技能訓練，也是一項專業。照顧服務可以說是管理學中一項新商品，所提供的是「服務」給消費者。然而在管理學中，風險控管是所有管理項目中最重要的項目，在照顧服務業中，有專業的督導來評估個案和有豐富經驗的服務員來提供居家照顧服務，讓整個環節扣合無失誤，是十分重要的。一次的失誤，將造成案主生命受到傷害。然而照顧服務產業中，客戶為案主或案主家屬，照顧者所要面對的不只是提供照顧服務與家事服務，與在機構工作的不同處，是人際溝通與互動，人際溝通也是一項值得研究的議題。

壹、照顧服務專業工作技能

　　常青照護通常指的是疾病預防，而照顧服務通常指的是疾病產生後的接續健康引導或生活照顧。照顧服務專業工作技能至少包含整理床鋪、基本生命徵象測量、更換鼻貼、管灌、更換尿布、沖洗下體、穿脫衣服、上下床坐輪椅、約束、擦澡穿衣服和翻身拍背。床鋪的整理還須學習電動床的使用，由於電動床種類很多，型號不同，故在使用前，應確實瞭解頭部抬高、下降的按鈕，腳部抬高、下降的按鈕，床上升、下降的按鈕。基本生命徵象測量需準備血壓計、耳溫槍、記錄單，臥床案主家中可自備夾手指型血氧機，若有糖尿病，更應該準備血糖機於早上空腹前驗血糖。

　　管灌及更換鼻貼是一般剛拿到90小時照顧服務員結業證書服務員的弱項，由於90小時的訓練中，只有10小時的回覆示教和30小時的實習工作，所以許多服務員會管灌，卻會因為管子按壓不夠緊而導致空氣跑入管子。翻身拍背、上下輪椅、管灌三個工作，是照顧服務業的基本工作技巧，此三項技巧是面試照顧服務員考核的必要條件。大多數參與政府委託非營利組織做的居家服務，業務雖可包括管灌和翻身，但因為業務性質比較類似走動式服務的服務型態，故較不會接觸到重症案主，對管灌工作也會比較不熟練。

實務經驗分享

建議對管灌動作不熟練的服務員，可以拿一個空罐子或回收寶特瓶，裡面裝三分之一的水，再將一副鼻胃管插入罐中，做管灌練習，相信不斷地練習，對初入照顧服務行列的有志者，會有很大的幫助和專業技能的增長。

在照顧技巧中，除了90小時訓練課程中的實習項目為實務工作會做到的專業技能之外，以下約略講述人工造口、居家腹膜透析（居家洗腎）、血液透析（醫院洗腎）、測血糖和打胰島素案主，在照顧服務工作中之應注意事項。

一、人工造口

人工造口又稱為人工肛門，分成日拋和週拋兩種，每一家醫院所使用的人工造口廠商不同，故在使用上的方法也不一樣。因案主出院前，護理人員都會給予衛教說明，所以照顧者可以依照案主及家屬的說明示範執行實務工作。一般來說，人工造口並非一裝上就是永久裝上，通常會有三個月的觀察與安裝時間，實務工作者發現，裝有人工造口的長者，在三個月中調整其飲食習慣及飲食營養攝取，案主三個月回診後，恢復健康並不再需要人工造口，在實務工作研究中是有成功案例可循。

1.日拋型：將日拋人工造口貼上，排便後，只需輕輕撕下，將袋中糞便倒入馬桶中，塑膠袋另外包好再丟棄。

2.週拋型：將週拋人工造口膠帶撕下，對準造口貼上，將扣環扣上時會出現「答」的一聲響，就表示扣好了。排便後，將便袋取下，用水在馬桶中清洗乾淨並拭乾，再扣回。人工造口旁記得要擦專用乳膏。

換造口袋時要準備濕紙巾、衛生紙、小棉棒、大棉棒、垃圾袋、膠帶、造口底座、造口袋、剪刀、筆、造口膏、補土用黏土、造口粉、保護噴劑，步驟如下：

單片式造口袋

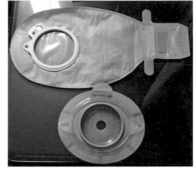

雙片式造口袋

1.先將舊的底座及膠帶等，拆掉放在垃圾袋中。

2.用濕紙巾清潔造口及旁邊。

3.無法清除的部分，可以用棉棒沾生理食鹽水擦拭。

4.將底座對準造口，依照當時造口大小，剪出圓形或橢圓形。

5.造口旁噴一點造口粉，均勻散開。

6.噴保護噴劑一次，待乾，再噴2次，總共3次。

7.將底座保護膜撕開，繞在剪好的圓形旁，擠上造口膏。

8.造口的旁邊皮膚處，若有凹陷，或有傷口，可以補黏土。用棉棒木頭輕輕壓，讓黏土黏在皮膚上。

9.將底座有造口膠的部分，依照剪好的圓形，套在造口處，可以使用棉棒輕輕按壓。

10.在造口周圍，噴上一層造口粉。

11.再將造口袋按壓在底座上，扣緊。可以用腰帶協助固定。周邊可以黏膠帶固定。

12.包上小看護墊，預防滲漏。

13.穿上護腰，預防因走動造成造口不黏滲漏。

14. 請案主躺在床上至少半小時到兩小時，幫助造口固定。

15. 若造口周圍有傷口，則須三天換一次底座，若無傷口，則可五天至七天更換。

二、居家腹膜透析（居家洗腎）

做居家腹膜透析的洗腎患者不用到醫院，在家就可以做居家洗腎，只要在家裡的房間，關上門窗，不要吹電扇，最好不要養寵物（如有寵物最好放在陽台，如要抱寵物最好在非換液時）。居家腹膜透析分成連續可活動式腹膜透析和全自動腹膜透機器，其照顧上之工作分述如下：

(一)連續可活動式腹膜透析的步驟

1. 將新鮮透析液掛在高處。

2. 注入體內。

3. 留置約5小時，但可視情況來做調整。

4. 將含有代謝廢物的透析液引流出體外（此時一些前置作業如藥水、口罩等要先準備好，接著如：接管子、引流出體外、灌水、分離等步驟也要確實做好）。

5. 一天執行四次，包括三餐和睡前。

6. 連續可活動式腹膜透析之注意事項：

(1)適度的運動。

(2)每月一次定期回診。

(3)醫院每月會將藥水送至家中，請選擇適當地點放置。

(4)多補充蛋白質、魚、豆腐、牛奶。

(5)洗澡時用人工肛門袋套住，避免感染。

(6)用拖盤放藥水。

(7)天天量血壓，因為水分的多寡會影響血壓的高低。

(8)血液透析患者因鉀的限制，只能用水煮的，但腹膜透析就沒有此限制。

(9)半年到醫院換管一次（只需20分鐘，只換轉接頭就可以）。

(10)出遊旅行時，可在車上換。

(11)營養不夠時，醫院會定時提供營養補給方式。

(12)需在密閉的空間做且要關門窗，比較沒細菌。

(13)每天要計算明天可以喝多少水才可以達到平衡（今天尿液1,000cc.＋腹膜透析出來的水量，約40cc.＋汗500cc.，表示明天可再喝2,000cc.的水）。

(二)全自動腹膜透機器

1.一天一次，約8～10小時。

2.睡前將管子連接上機器，按步驟操作，睡醒時，治療已完成。

腹膜透析

　　腹膜透析相關資料，可以透過醫院網路衛教資訊學習。

三、血液透析（醫院洗腎）

　　通常一星期要洗三次，看是與醫院或洗腎診所約定幾點到，如果是排到下午1點到5點洗腎，通常12點就要報到，12點半就要躺

臥在病床上，讓醫護人員做洗腎前之前置工作。洗腎當中會測量血壓、血氧等數值，因為洗腎當中有些案主會有血壓升高、心跳加速的狀況產生，所以一定要用儀器做偵測。洗腎中護理人員都會隨時注意案主洗腎中的狀況，但是仍需要服務員在旁陪伴。洗完腎後，案主通常會比較虛弱，可以補充一些營養品，但是仍要詢問醫師的建議，不可隨意補充。不要喝可樂等汽水、忌大魚大肉的飲食習慣、堅果類不可補充太多，此外，腎臟病病人的營養，可以諮詢專業營養師做調配及建議。

四、測血糖

1. 飯前血糖正常值是120/80左右。
2. 避免注射紅腫的部位。
3. 空針及針頭丟棄在有蓋硬質容器中。
4. 病人發抖、冒冷汗、心跳加快、頭暈、無力時，若意識清醒，吃方糖4塊（可諮詢醫師的建議）。
5. 意識不清時，立刻打119救護車送醫。

五、打胰島素

1. 胰島素開封前，放在冰箱下層2～8℃。
2. 胰島素開封後，放在室溫15～20℃，避免陽光照射。
3. 可保存一個月，外出時隨身攜帶。
4. 相關使用說明，仍需依照醫護對個案之建議執行。

貳、居家照顧輔具應用

居家照顧輔具項目非常多，也可以申請政府補助，以下就氣

墊床的使用做一說明。氣墊床有開關按鈕，也有一般和持續換氣兩種功能。案主臥床需依靠翻身活動者，建議使用氣墊床。氣墊床的種類很多，選擇上以其適用於案主的功能為主。案主晚上入睡的時間，還有午睡的時間，建議不要用換氣功能，因為聲音太吵會影響到案主的作息時間，噪音也會讓案主無法入睡。

氣墊床圖片（衛署字號001583）

參、居家照顧服務工作守則

居家照顧服務雖然沒有機構及醫院的多項工作守則要遵守，但是居家照顧服務員所要具備的專業與工作技能，卻是需要比醫院及機構照顧來得更多。以下就居家照顧服務基本守則、居家照顧服務禮節和居家照顧時應注意事項分述之。

一、居家照顧服務基本守則

有愛心，有耐心，說話要輕聲細語，對待案主及家屬要有禮貌，這是照顧服務的基本工作原則。不做侵入性醫療行為的工作，也不可以推銷藥品或偏方給案主或家屬。以訛傳訛的養生方法，因為沒有經過求證，不要提供給案主使用。案主身上戴有金項鍊、金戒指等貴重物品時，要建議家屬先拿下來收好，因為有時候會因為洗澡或陪同散步時遺失，不小心不見了，就會造成誤會。工作上有

任何事情，應馬上打電話回中心問督導，自行照顧家人的照顧者，可以找社區支持系統之免費詢問服務。

> **實務經驗分享**
>
> 案主的親戚朋友若有包紅包給受顧者時，應先打電話告知家屬，如果家屬認為需要暫為代管的話，記得要在紅包袋上寫多少錢，錢先暫時代管，紅包袋則放在受顧者枕頭下或口袋裡，錢等家屬回來立刻轉交給他們，才不會因為失竊，引起不必要的誤會。

二、居家照顧服務禮節

1. 到居家服務之前，督導應該先打電話向家屬確認服務員到府時間。

2. 服務員到案主家時，除了應注意禮節之外，首先，先拿出工作身分證明文件，如果有相關之工作專業證照，可於第一次報到時，一併交給案主或家屬看，這樣一來，除了顯示個人的專業之外，案主及家屬也會更重視服務員所提供的服務及意見。

3. 第一次到居家服務之前，主動問家屬是否要先看過服務員所帶來的袋子，這個步驟是很重要的，因為彼此在不熟識的情況下，案主家對服務員感到陌生與產生初次見面的不信任感，為了建立信任感，工作首三日，信任關係的建立是很重要的。服務結束回家前，也主動問家屬是否要先看過服務員所帶來的袋子，這樣可以讓服務員坦然表示，工作結束離開的時候，沒有拿走家中任何物品，避免日後不必要的誤會。服務員應將包包及袋子放在客廳明顯可見之處。

三、居家照顧時應注意事項

照顧時第一優先事項，一定要注意患者的安全，同時注意清潔衛生，避免交叉感染。工作中有任何問題，第一時間一定要報備督導，請教督導要由主管轉達或自行轉達。要做送醫處理之前，一定要讓督導和家屬都知道，確認先送醫，隨時與家屬保持聯絡，請家屬儘快到場，不可自己作主。要保持案主住處乾淨，包括地面、用餐處、浴室、臥房等，幫忙用洗衣機洗案主衣服。案主可進食時，要煮軟硬適合案主食用的三餐。心理有不平或情緒上有需要調整，可以先和督導溝通，不可以和案主或家屬吵架，再請督導適當的向案主或家屬表達事情的原委，並做適當的處理。

實務經驗分享

過去的案例裡，一位服務員因為完成階段任務工作，就隨手將案主鞋櫃旁不要的鞋盒，拿來裝東西，被誤會為偷竊，後來經溝通才知道是準備丟棄的鞋盒，所以沒有造成更大的誤會或損失。由前述例子瞭解，案主家中有非垃圾類欲資源回收的物品，例如鞋盒等，請案主自行整理，或是看過後確定是要丟棄回收的，再幫忙送到環保車或大樓資源回收處。

不可以偷或未經同意使用案主家裡的個人私用物品，偷竊是犯法的行為，切勿為之。家中機器要注意不用時，是否已關閉，以避免機器損壞，造成家屬額外的損失和負擔。不小心打破東西或損壞機器時，要立刻告訴督導和家屬，不要刻意隱瞞，勇於面對。做家務的時候，儘量避免碰撞到貴重物品，若知道在清潔的是貴重用品，可以拒絕。

服務員在服務的過程中會經歷到一些案主傾訴心聲的問題，例如有一些案主會告訴服務員家裡的狀況，例如經濟、夫妻失和、小孩的問題等等，但服務員必須本著職業道德，即使聽到許多案主的秘密，或案主家人的秘密，也應善盡保密之責任，不可再與第三人討論案主所傾訴的內容，另外，服務員應本著溝通協調的心態，本著正向的思維，在案主與子女間不隨意傳話，而是作為兩方溝通的橋樑，協助其家庭和睦。

實務經驗分享

某案主阿嬤，會隨意將自己女兒離婚的事情到處說，造成阿嬤與女兒間有不悅的情形產生，此時服務員不應站在某一方，而是應該跟阿嬤建議不再提及對方的不是，用包容與愛來面對自己的孩子，因為心靈的正向能量，也是提升身心靈重要的因素，所以服務員除了遵守職業倫理之外，自我正向能量的提升也是十分重要，而正向能量的提升需要個人在靈性健康的提升上下功夫，才能得以增長。

四、階段工作期滿結束前之應注意事項

工作期滿結束準備回家前，一定要將案主家中鑰匙交還給家屬，並會同案主在服務完成確認單上簽名。可以詢問家屬是否要再看過一次行李和隨身包包，這樣的動作在表示清白。督導至案主家做薪水結算時，請給予滿意度調查表，案主或家屬填好，且服務員會同督導和家屬及案主打過招呼之後，請服務員以愉快的心情迎接下一個工作。以下提供考核單，從其考核內容看服務員之專業技能、人際互動、報表呈現、工作態度與服務品質（**表4-1**）。

表4-1　服務員考核表

No.	考核項目	完成打√	考核內容	分數
1	專業技能		觀看教育訓練影片	
			實務操作	
			工作表現	
2	人際互動		與督導／主任互動表現	
			與案主／家屬互動表現	
			與行政人員互動表現	
3	報表呈現		簽到表完成程度／完整度	
			表單按時交回中心	
			工作記錄表完成狀況	
4	工作態度		工作狀況即刻回報	
			到府服務前三日表現	
			完成交接／服務終止	
5	服務品質		督導評分	
			評估家屬看法	
			服務員自評	
平均分數				

資料提供：伊甸基金會附設迦勒居家照顧服務中心。

五、居家服務員工作前需準備之文件

　　居家服務是居家服務員所提供之服務，對案主或家屬而言，也是一種挑戰。因為案主要接受一位陌生人進到家裡，心理的負擔，是對初次進入家中服務的人的瞭解程度不深，也因此，在照顧服務產業裡，都會規定服務員在任用前，需先準備體檢表、良民證等。首先需先至醫院或診所做針對照顧服務員所做的體檢。此外，還要到有提供申辦良民證的警察行政單位去辦理良民證。再來，就是要加入勞健保，不論是以任用的形式在單位投保勞保、勞退或職災，或是參加職業工會投保勞、勞退或職災，檢附工會投保證明。有些

單位會要求服務員投保第三責任險，來分攤工作所造成的風險，這部分每個單位的規定不同。

六、被照顧者對照顧者之尊重及互動

案主與其家屬，在面試服務員及做服務選擇後，避免對工作內容隨意更改，建議案主先以原先約定之工作內容，讓服務員執行工作。實務工作中常會碰到案主隨意自行要求服務員增加工作項目，這樣的舉動，被視為不誠信的舉動，也會讓服務員心理不舒服，最後造成換人或等待服務的狀況。被照顧者在照顧者執行工作前，一定會家訪並做服務需求評估，案主及家人應誠實說明病況及工作內容，服務員應確實執行約定之工作，這樣才會是最好的服務模式與服務產出。做居家服務工作，最困難的地方，不是照顧，而是溝通，如何讓一個好的服務員呈現最好的工作狀況，需要督導、案主、服務員三方的努力。

七、如何找到一個好的居家照顧服務員

在美國，全國老年照顧管理師專業協會（National Association of Professional Geriatric Care Manager），其網站上www.caremanager.org提到，照顧者是專業人士，有能力進行評估，並幫助客戶提出短期及長期的照顧計畫（洪素英譯，2013）。許多家庭正在面對高齡化家庭的問題，政府提供居家照顧服務，坊間也有許多自費照顧服務方案，目前台灣尚未在照顧服務領域上，建立一個會員登錄專區，提供民眾找尋合適的服務員，民眾可以經由非營利組織中有從事照顧服務工作的協會或基金會來找到合適的人選。

第三節　實務工作示範

壹、鋪床及更換床單

　　一般整理床鋪前要先準備枕頭套、床單。若被單要更換，則再多準備一床新被單。中單是有必要的，因為老人會有尿失禁的問題，即使沒有包尿片，還是可以預防性的鋪上中單。枕頭套看床上使用的枕頭的個數來更換，一般來說，臥床案主通常需要至少三到四個枕頭，包括頭部、背部、兩腳間及手墊高用。床鋪鋪好後，要確認是否有皺褶或不平處，要拉平整（**表4-2**）。

貳、協助使用便盆、尿壺、尿套及包尿布

一、使用便盆

(一)床上便盆

　　早期照顧上多使用便盆，但是因為會讓案主屁股提太高造成不舒服，故近年來都提倡使用大看護墊。清洗便盆時仍要戴手套，待

表4-2　鋪床及更換床單

No.	示範步驟	示範圖片	動作說明
1	鋪床 更換床單		• 準備枕頭套、床單、被單、中單、大看護墊 • 拆下換洗床單等 • 換上新的一套床上用物品 • 中單及床單要摺入床底

資料提供：伊甸基金會附設迦勒居家照顧服務中心。

工作完成後，才脫去手套，執行洗手的動作。

(二).馬桶椅（洗澡椅）

可以下床的案主，可以協助他下床坐馬桶椅，避免因行動過慢，造成漏尿便的情形。馬桶椅也可以當洗澡椅子用，協助案主至浴室洗澡用。

二、使用尿壺

尿壺多為男性在使用，尿壺有刻度，所以導尿管尿倒出，或引流液倒出，都可以用尿壺作為衡量數字的工具。清洗尿壺時仍要戴手套，待工作完成後，才脫去手套，執行洗手的動作。

三、使用尿套

男性案主有時會使用塑膠尿袋，然後用3M膠布或尿袋專用魔鬼氈套包住，但是為避免漏尿等問題，建議先在下體處墊一塊小看護墊（長30公分寬15公分），再包上尿片，如此，既可省下尿布費用，也可保持案主臀部乾爽度，同時避免褥瘡產生。

四、包尿布

服務員站在案主左手邊，先將案主側身面右，讓患者側身，左手放置在右手處，左腳微彎曲，與右腳呈一個三角形。再將大尿布放在案主屁股下方，大尿布右側的部分捲起，對好位置。再使案主平躺，左腳拉直，左手放好。此時再協助案主側身，臉面向服務員，服務員用其左手臂微彎45度，支撐案主臀部處，其右手將捲起的大尿布的部分拉平，再讓案主平躺。此時將大尿布前端黏貼處拉至肚子，檢視在屁股底下的大尿布，是否在與穿內褲時的上端處一

致。然後依照適合案主的鬆緊度黏貼至號碼處，儘量不要包得太緊。通常會建議案主家購買小尿片（小看護墊），放在大尿布裡，如同使用衛生棉吸水的方式包覆住排尿處，這樣一旦只有排尿時，尿液不會沾到整個屁股，造成濕疹。若是遇到腹瀉的情形，糞便比較不會沾到尿道口或陰道處或褥瘡處，造成發炎或感染的情形。若發現有破皮情形發生時，要在每次換尿片時，噴防褥噴粉。防褥噴粉會幫助產生保護膜，讓傷口更快速癒合。噴粉若一次噴太多，會變成數顆一小團的米粒狀粉團，適量的噴在尿片或衛生紙上，用沾的方式替代噴粉較佳（**表**4-3）。

表4-3　**協助使用便盆、尿壺、尿套及包尿布**

No.	示範步驟	示範圖片	動作說明
1	使用便盆		• 放置在臀部下，作為沖洗等使用
2	使用尿壺		• 老人或手術等因素，不方便移動至洗手間，宜使用尿壺
3	使用尿套		• 需準備塑膠尿套及沾黏式尿套，幫助不易鬆脫

（續）表4-3　協助使用便盆、尿壺、尿套及包尿布

No.	示範步驟	示範圖片	動作說明
4	包尿布1		• 準備更換尿布 • 放下床欄
5	包尿布2		• 支撐左腳 • 左手放置胸前
6	包尿布3		• 轉案主面向欄杆 • 順勢將手放在床欄上
7	包尿布4		• 捲起尿布一側 • 放置尿布 • 案主平躺
8	包尿布5		• 換另一邊 • 此時若要放小尿片的需要，可以放置

（續）表4-3　協助使用便盆、尿壺、尿套及包尿布

No.	示範步驟	示範圖片	動作說明
9	包尿布6		• 將尿片鋪平
10	包尿布7		• 確認尿片位置
11	包尿布8		• 確認鬆緊度適中
12	包尿布9		• 黏起尿布

參、會陰沖洗

會陰沖洗又叫做沖洗下體，先墊一片大看護墊在屁股下，避免弄溼床單。戴上手套，將沖洗瓶（小可愛）裝入溫水，可以在屁股上墊上床上用便盆，或鋪大看護墊亦可。實務工作上會再鋪小看護墊，避免水流太多在大看護墊上，反而讓背部變髒。先噴溼棉棒，用棉棒清潔患者下體，清洗乾淨後，將尿片和棉棒丟入汙物回收桶。再用小可愛沖洗下體，可以使用肥皂，再用濕紙巾沾水幫忙擦拭。沖洗完後，用毛巾將屁股擦乾。男性案主沖洗時，要推開包皮，清洗龜頭處，避免清潔不當造成感染發炎，再推回。男性沖洗順序為陰莖、陰囊和肛門（**表4-4**）。

表4-4　會陰沖洗

No.	示範步驟	示範圖片	動作說明
1	準備小可愛		• 要準備大看護墊及小看護墊 • 還有小可愛沖洗罐裝溫水
2	會陰沖洗		• 比較環保的方式，還是用傳統墊便盆

肆、尿管照顧

　　導尿管的尿液，超過三分之一就要倒，並做測量後再做記錄，以不超過500cc.為原則。導尿管袋不可高於腰部，意即不可高於膀胱。尿管要輕拉出約0.5公分，準備6支大棉棒，3支沾優碘，至少3支沾生理食鹽水，先用優碘擦尿管下方約5公分，再重複二次，再用生理食鹽水擦尿管下方約5公分，再推回尿管。尿管接頭要以膠布以井字形黏貼固定，男性案主黏貼在腹部下方近鼠蹊處，女性案主黏貼在大腿內側。尿袋要固定在床欄下方掛勾處，避免高於膀胱。尿管側邊之白色塑膠夾，可以夾在案主身上固定，避免移動身體時壓到管子。倒出尿液時，使用有刻度的尿壺，一定要戴上手套，避免尿液沾到照顧者的手（**表**4-5）。

表4-5　**尿管照顧**

No.	示範步驟	示範圖片	動作說明
1	尿袋倒尿		• 要帶手套
2	黏貼位置		• 注意不要拉扯到 • 每家醫院黏貼方式不太一樣，以出院前護理師衛教為主

伍、協助沐浴洗澡

　　擦澡或淋浴時，需要洗臉、擦澡和擦臀部三條毛巾。先準備好換洗衣物，可以再準備一條大浴巾幫助覆蓋身體，避免感冒。擦澡時，一般用肥皂，若是對肥皂較敏感或皮膚乾燥的人，可以在臉盆中加一點酵素。一開始幫助案主輕輕擦拭患者雙手，手太髒時，還是要拿臉盆加溫水慢慢洗，再拭乾。擦澡時，先用小毛巾將臉部、脖子、耳朵擦乾淨，再換大毛巾，從頸部以下擦到膝蓋。再清洗大毛巾，從膝蓋擦到腳底。然後有一條在沖洗屁股後使用。毛巾用完後，需搓揉乾淨。老人皮膚比較乾燥，建議於擦澡後，塗抹上凡士林及乳液。

　　下床到浴室沐浴的話，可以使用馬桶椅，馬桶椅又稱洗澡椅，因為它同時兼備上廁所和洗澡兩用的功能。若是冬天，就先打開浴室的暖氣空調，當案主下床並坐上馬桶椅後，就推至浴室準備洗澡。先拿出底下灰色馬桶，沖洗乾淨。再脫去案主上衣，並以大浴巾遮蓋。拿去大浴巾，先洗頭，再洗澡。洗好就先用大浴巾包住身體，先穿好衣服，再趕快吹乾頭髮，並用衛生紙或布，擦拭腳趾間的水，避免灰指甲及香港腳產生。耳朵的清潔也很重要，初接案時，先觀察耳朵是否有耳垢或異物，可以用棉花棒清潔。遇到油耳朵或耳朵皮屑較多時，可以用濕紙巾協助清潔。洗澡時需慎選洗劑，低刺激性，呈弱酸性（pH5.5），防止細菌入侵（**表**4-6）。

表4-6 協助沐浴洗澡

No.	示範步驟	示範圖片	動作說明
1	擦澡		• 先擦拭背部，雙手，胸前及肚子，下體，雙腳，側身，臀部
2	擦手		• 期間至少要換三次水 • 可以加沐浴用酵素或洗澡用殺菌清潔液稀釋

擦手、擦澡和洗毛巾之注意事項

1. 輕輕擦拭患者雙手，手太髒時，還是要拿臉盆加溫水慢慢洗，再拭乾。
2. 擦澡時，先用小毛巾將臉部、脖子、耳朵擦乾淨。
3. 再換大毛巾，從頸部以下擦到膝蓋。
4. 再換另一條大毛巾，從膝蓋擦到腳底。
5. 毛巾用完後，需搓揉乾淨。
6. 老人皮膚比較乾燥，建議於擦澡後，塗抹上凡士林及乳液（注意比例）。

陸、床上洗頭

若在床上不適合下床洗頭，建議用床上洗頭的方式，最簡易的床上洗頭，是準備床上洗頭槽。床上洗頭槽有硬殼和軟塑膠兩

種。若有個人耳塞，建議可以使用。要準備一個水盆，兩個水桶和一個水瓢（可以用500量杯），一個水盆裝較熱的水，一個水桶裝溫水，一個水桶裝從洗頭槽流下來的水。準備洗髮精、黑色大塑膠袋，還有兩條毛巾、一條大浴巾、吹風機和梳子。先墊黑色大塑膠袋，放上洗頭槽，左邊墊毛巾讓左右有高低，方便水流下。以指腹洗頭，洗好沖淨後拿下洗頭槽和頸下墊大浴巾，將髮吹乾，梳整齊即可。梳子要去除毛髮避免髒汙。建議照顧者要戴手套執行此項工作。耳朵清潔是很重要的，可以協助清除耳垢，避免老人聽不到的問題（**表4-7**）。

表4-7 床上洗頭

No.	示範步驟	示範圖片	動作說明
1	準備床上洗頭材料		• 將毛巾摺好當枕頭 • 將大塑膠袋放置在毛巾下 • 然後放置洗頭槽 • 準備兩個水桶
2	替代工具		• 可以買隨身攜帶的塑膠充氣洗頭槽
3	收拾物品		• 洗完後，先吹乾頭髮 • 再整理床邊用具

柒、協助更衣穿衣

　　更衣需要脫衣服和穿衣服兩個動作，脫衣服時先從健側開始脫，患者側身後，將衣服挪移至患者身後，再將患者翻身，面向另一邊，再將衣服從患側脫出。穿衣服先從患側開始，再穿過健側，再將衣服穿起。如果有肢體萎縮或身體多處插管的案主，建議反穿長袍睡衣（**表**4-8）。

表4-8　協助更衣穿衣

No.	示範步驟	示範圖片	動作說明
1	脫衣服		• 先從健側 • 再從患側
2	穿褲子		• 先將手拉褲子至褲頭 • 將褲子套入腳中 • 再換腳 • 再拉上至臀部 • 確認平整度
3	穿衣服		• 先從患側 • 再從健側

捌、口腔照顧

一、失能者之口腔清潔

協助口腔清潔需準備的材料包括水杯、溫水、中棉棒或海綿棒、小棉棒、漱口水。以下是口腔清潔的示範動作。

1. 用中棉棒或海綿棒沾溫水清潔口腔，用過即丟，不可重複使用。
2. 漱口水以一比一的比例稀釋，用小棉棒沾稀釋的漱口水，清潔口腔，用過即丟，不可重複使用。

二、假牙護理

假牙是長者三餐進食很重要的輔助工具，但是餐後假牙的清潔，包括漱口和協助假牙清潔。準備兩個杯子、牙刷、手套和臉盆，其中一個杯子裝溫水漱口用，另一個杯子，請長輩將假牙放入浸泡。當案主漱口完成後，照顧者戴手套，協助用牙刷刷假牙，假牙每一面都要用貝氏刷牙法刷乾淨，用清水沖乾淨後，請案主再戴回假牙。有時候案主會不記得哪一面是正面，可以口述表達協助案主裝好假牙（**表**4-9）。

玖、修手腳指甲

修指甲是一門專業美學，修剪指甲有分手部保養（manicure）和腳部保養（pedicure）。我們一般在家裡所做的，是剪指甲，修剪去過長的指甲。老人修指甲需準備的工具，包括大指甲剪、甘皮剪、手搓板、指緣油（cuticle oil）、軟化劑（cuticle remover）、

表4-9　口腔照顧

No.	示範步驟	示範圖片	動作說明
1	假牙清潔		• 較環保的方式，是請老人假牙拿下 • 用牙刷幫忙清洗乾淨 • 請老人漱口 • 用臉盆盛吐出的水
2	臥床者口腔清潔	大棉棒 海綿刷	• 準備棉棒 • 準備1比1稀釋過的漱口水輕輕清潔 • 再用棉棒沾清水清潔

乳液、沐浴乳、洗手乳、毛巾、溫水、水盆。先將手洗淨，以溫水放在水盆，加入二滴沐浴乳，在甲片接近皮膚的部分，以棉棒沾上軟化劑，將手浸泡5～10分鐘。用毛巾拭乾手後，以大指甲剪修剪長度，以甘皮剪剪去甲片上多餘的甘皮，再以手搓板修出橢圓形指甲形狀。再次清潔雙手，在甲片接近皮膚的部分，以棉棒沾上指緣油，輕輕在周圍揉開，接著用乳液輕輕按摩手腕至手肘處。腳指甲的修剪方式也是一樣，但是記得，若是案主有灰指甲，建議服務員在修剪腳指甲時戴上手套。愛美的女性長者，若欲在指甲上上色，

需先用洗手乳洗淨雙手再上色，避免指緣油的油漬暈開指甲油。指甲油品牌需慎選，以免選用到傷害身體器官的不良品。

　　剪指甲要注意安全，避免剪到受傷，特別是糖尿病患者，不要隨意去挖剪指甲。灰指甲要擦藥膏。手搓板代替手搓刀（**表4-10**）。

表4-10　修手腳指甲

No.	示範步驟	示範圖片	動作說明
1	手部保養		• 修剪指甲 • 塗抹乳液
2	腳部保養	同上	• 修剪指甲 • 塗抹乳液 • 若有灰指甲，觸碰時要戴手套

拾、整理儀容

　　整理儀容是每天早上必做的一件事情。洗臉是每天早上早餐前必做的清潔工作之一，刮鬍子的工作，只有案主是男性時才會執行。修剪頭髮並非每位服務員會做的，但是可以學習一些簡單的動作，來協助案主過得更舒適，減少案主須因外出所產生的不便感與外出之心理壓力（**表4-11**）。

表4-11　整理儀容

No.	示範步驟	示範圖片	動作說明
1	洗臉		使用小毛巾擦拭後，隨即清洗。
2	刮鬍子	參考說明	注意動作要輕慢，避免傷口產生。
3	修剪頭髮	參考說明	可以使用男士修剪髮工具1或2號，邊際處可以不用套上塑膠尺。女性則可以用打薄剪刀修剪。

　　照顧服務員丙級考試職類檢定之知能包括「身體照顧」、「生活照顧」、「家務處理」、「緊急及意外事件處理」、「家庭支持」、「職業倫理」等六項。有關取得丙級技術士證的流程，簡章、特定對象補助查詢及報名相關資訊查詢，「即測即評及發證檢定」之承辦單位資料，技能檢定規範、測試參考資料及考題，可以參考勞動部勞動力發展署技能檢定中心全球資訊網http://www.labor.gov.tw/home.jsp?pageno=201110210001或搜尋http://www.labor.gov.tw/home.jsp?pageno=201109290022參考「178-照顧服務員」，也可以參考「照顧服務員技術士技能檢定規範」（附錄二）相關資訊。

參考文獻

全人教育百寶箱（2015）。「老年期定義」。取自全人教育百寶箱網站 http://hep.cc.ic.ntnu.edu.tw/

洪素英譯（2013）。Cathy Jo Cress著。《老人照顧管理》（第十五章結合居家照護與GCM的服務）。台北市：華騰文化。

秦秀蘭（2014）。《機構高齡活動設計理論與實務：律動、能量、團體動力》。新北市：揚智文化。

陳芳琪（2015）。〈燦爛的笑容 從口腔保健開始〉。財團法人台灣癌症基金會網站http://www.canceraway.org.tw/page.asp?IDno=915

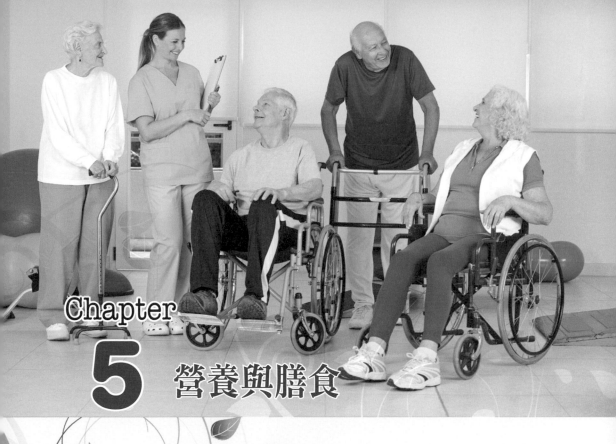

1.營養素的功能與食物來源

2.特殊飲食的認識

3.老年期的營養

　　營養對老年人身體的影響，可以從其生理變化中看出。老化造成細胞數目減少及器官功能衰退、味覺和嗅覺的感覺改變、唾液分泌、胃消化液減少、吞嚥困難容易嗆到，加上牙齒脫落需戴假牙等因素，讓老年人對吃漸不重視。然而飲食營養對老人來說，卻十分重要。攝取適合老人牙齒和腸胃的飲食內容，才能達到最適的消化吸收，人們花在零食點心的費用越多，罹病機會也增加（蕭雲菁譯，2010）。為避免老人因營養攝取不均衡造成疾病和厭食等問題，本章將從營養素的功能與食物來源、特殊飲食的認識和老年期的營養來探討飲食計畫與老人餐食設計。

第一節　營養素的功能與食物來源

　　健康飲食的基礎是均衡、多樣和適量。透過正確生活作息與重視營養攝取，做好老化飲食健康管理。老人身體的基礎代謝率，在20歲後，每增加十歲就降2%。現代老人有過胖的問題，因此，瞭解成人均衡飲食建議量，認識六大營養素之奶類、水果類、蔬菜類、豆蛋魚肉類、五穀根莖類、油脂類的來源及攝取相形重要。熱量通常與蛋白質、醣類和脂肪三大營養素有關。除非三餐都是外食，且購買食物的地點，都有標示攝取熱量，否則老年人很難去計算自己一天所需的營養和總熱量。有鑑於此，本章節以生活化的學習，分享食物攝取和營養的資訊。以下根據營養學中各種營養素、化學組成、食物來源及對健康的影響，來瞭解老人餐飲膳食設計應注意的要點事項。

壹、影響食物攝取和營養狀態的因素

　　食物攝取和營養狀態都要依照六大營養素的吸收，作為營養攝取的準則，以下就六大營養素做說明。脂肪的來源和攝取也十分重要。然而老人家通常會衡量自己的經濟狀況，或是認為自己已經沒有經濟能力，就不會在飲食營養上下功夫。這樣一來，反而加速身體慢性疾病復原力的減弱。老年人也會經歷日夜顛倒的困擾，夜間無法入睡導致白天嗜睡且手腳無力，無法進食，也是造成營養不均衡的因素之一。有些老人有常年腸胃道不適的症狀，容易腹瀉拉肚子，導致食慾不振，或有偏食的習慣，照顧者應該在飲食及營養上多加琢磨，例如定時定量、少量多餐，不吃油炸食物，注意飲食衛生，觀察引起腹瀉的起因，可以日漸協助長者改善不適症狀。當然，配合心境的修養，對老年人的疾病復原，有實質的幫助。

　　蛋白質的攝取也很重要，完全蛋白質所含的必需胺基酸種類齊全，大多數動物性蛋白質均屬此類，但是魚翅、蹄筋、海參屬於不完全蛋白質，缺乏某些胺基酸，是低生物價蛋白質。如何提升蛋白質營養價值（互補原則），可吃像是饅頭夾蛋、稀飯肉鬆、燒餅豆漿、火腿蛋炒飯等，以五穀類和豆類配合食用，特別注意煮食蛋白一定要熟，因為不熟的蛋會有沙門氏菌。

　　菠菜的葉酸最多，鐵也多，但不要食用太多，因為有草酸（自然毒素），不要和牛奶一起食用。有些自助餐店會加入鹼性物質在青菜中，鹼性物質會破壞維生素吸收，油麵、泡麵都有加鹼，少吃為宜。生吃高麗菜會影響甲狀腺。芒果、木瓜、胡蘿蔔要吃適量，吃太多身體不會吸收，皮膚及臉會變黃。水煮青菜的葉酸容易流失，快速油炒可促使葉酸釋放而有利吸收。記得徹底沖洗乾淨蔬菜

和水果，去除殘留農藥。

　　就脂肪的分類來瞭解如何選擇食用油，脂肪酸的分類包括生理必需性、碳數或碳鏈長度、雙鏈數目或飽和度、雙鏈位置、雙鏈的幾何型態，單元不飽和脂肪酸包括植物油和橄欖油，多元不飽和脂肪酸包括亞麻子油和芥花油，ω-3的油對身體有益。不建議食用的是含反式脂肪的食品，包括人造奶油、酥油、乳瑪琳、氫化植物油（清香油）脂肪對健康的影響，例如缺乏必需脂肪酸，皮膚會乾燥，動物性油脂增加大腸直腸癌風險，反式脂肪使膽固醇和三酸甘油脂升高，降低HDL，不利健康。炒菜的烹調油應該選購植物油，如亞麻子油，芥花油；油炸的烹調油建議用動物油，如豬油、椰子油等可以加熱到180～200℃的油。保存油的方法，包括避免光照和低溫保存。

貳、認識國民飲食之指標

　　老人可以依照「國民飲食指標」及「每日飲食指南」來作為飲食營養攝取的指標，養成正確的均衡飲食習慣，確保身體健康，遠離疾病之風險。「國民飲食指標」包括十二項原則，除了均衡攝取六大類食物及少油炸、少脂肪、少醃漬、多喝開水外，特別強調應避免含糖飲料及每日最好至少攝取三分之一全穀食物。同時也提醒國人食物來源標示要注意，確認衛生安全才能吃。

　　現代人都面臨著肥胖與慢性疾病的問題，歐盟於2007年發表營養相關之白皮書，認為健康飲食、規律而充足的體能活動、戒菸三項行為，足以增進個人長壽與健康。我國「國民飲食指標」建議八項原則（蕭寧馨，2009）：

1.維持理想體重。

2.均衡攝食各類食物：六大類食物。

3.三餐以五穀為主食。

4.儘量選用高纖維食物：預防便祕、大腸癌。

  (1)水溶性膳食纖維：果凍、木耳、燕麥、馬鈴薯、蘋果、花椰菜。

  (2)不溶性膳食纖維：水梨、堅果類、燕麥、豆類、蘋果、花椰菜。

5.少油、少鹽、少糖的飲食原則。

6.多攝食鈣質豐富的食物（參考第三節**表5-1**）。

7.多喝白開水：一天2,000cc.為原則。

8.飲酒要節制。

新版「每日飲食指南」修正的重點包括：(1)將食物分為全穀根莖類、豆魚肉蛋類、低脂乳品類、蔬菜類、水果類、油脂與堅果種子類；(2)修正各大類食物的建議量；(3)提醒堅果種子類的攝取；(4)教導民眾瞭解自己每日活動所需熱量後，換算自己每日適當的六大類食物攝取份數（**圖5-1**）。衛生署也關心素食者之營養狀況，同時也提出「素食飲食指標」。有關營養與健康資料可查詢食品藥物管理局網頁：http://consumer.fda.gov.tw/Pages/List.aspx?nodeID=3。

飲食、運動及睡眠，是直接影響生活品質的因素。Deming Cycle中提到的PDCA，即計畫（plan）、實施（do）、核查（check）、處置（action），也可以運用在個人的健康照護計畫中（周文欽，2006）。學習向危害健康的危險因子說不，下定決心戒

圖5-1　每日飲食指南

除，才是老人養生保健的不二法門，老人要活到老又活的健康快樂，才能達到活躍老化的目標。

　　美國Tuft大學為70歲以上老人更新食物指南金字塔，稱為「我的金字塔老人版」（the Modified MyPyramid for Older Adults），包含各類食物、液體、鈣、維生素D、維生素B$_{12}$和運動。金字塔底部顯示一列水杯，表示足夠的液體攝取對老人的重要。其他相關資料可以參考http://nutrition.tufts.edu/（楊其璇譯，2011）。

第二節　特殊飲食的認識

　　隨著台灣醫療科技的進步，平均壽命延長，然而飲食及生活日漸西化，增加了罹癌的機率，癌症的成因多與基因、環境和飲食有關，而飲食是每日生活所需，如何在飲食中讓病患得到更適切的照顧，防癌防病飲食是相當值得學習。老人隨著身體器官的退化，會面臨慢性病的困擾，而慢性病患的飲食，需要特別注意及設計。以下先認識特殊飲食的種類，再來瞭解特殊飲食原則及適用對象。

壹、認識一般飲食和特殊飲食的種類

　　老人營養餐食製作分成四種型態：普通飲食、細碎飲食、半流質飲食、流質飲食（行政院衛生署，2008）。再加上管灌，就有五種型態。以下就前四種型態做一說明。

　　1.普通飲食：普通飲食與一般人的三餐飲食，食物大小一樣。

　　2.細碎飲食：細碎飲食是將烹煮過的食物，經由菜刀或剪刀切碎或剪碎，對裝假牙的老人在咀嚼的過程很有幫助。

　　3.半流質飲食：半流質飲食像是粥（稀飯），或湯品，有時會在清粥上加入用果汁機打好的流質。

　　4.流質飲食：流質飲食是用果汁機將普通飲食的食物，打好的流質。

貳、特殊飲食原則及適用對象

　　以下茲就高血壓、腎臟病、糖尿病和化療病患的特殊疾病飲食

原則分述之。

一、高血壓病患飲食應注意重點

高血壓病患的飲食，要少攝取高鈉加工食品，油脂的攝取不宜過多，避免膽固醇過高，外食族會攝取過多的鹽，避免醃製或醬油加糖烹煮的食物。洋芋片等重口味的零食也是儘量避免食用。少吃膽固醇高的動物內臟、卵，避免含有反式脂肪的食物，例如豬油、酥油、乳瑪琳等。適量攝取堅果替代糕餅類的油脂攝取是較健康的。同時也要少喝咖啡與酒。

得舒飲食（Dietary Approaches to Stop Hypertension, DASH）是以多種營養素的搭配來改善健康，進而達到降血壓的目的。並不涉及強力的減鈉或減鹽到完全無味道的狀況，或體重控制。DASH飲食模式含有豐富鎂質、鉀質、鈣質、蛋白質和膳食纖維，以及低脂肪、低飽和脂肪及低膽固醇，整合營養素有效降低血壓（台灣癌症基金會，2015）。

二、腎臟病患特殊疾病營養

腎臟病患限磷、限鉀、限鈉、限水，避免油脂與酒類。高湯、含鉀量較高的蔬果，生魚片不宜，也不宜過度攝取堅果、大魚大肉、汽水。湯只能喝二、三口，麵儘量吃細粉或冬粉。礦泉水不可以喝，要喝家中煮沸過的水，減少腎臟的負擔。

三、糖尿病患特殊飲食

糖尿病患特殊飲食，包括定時定量，多選擇富含纖維質的食物，少吃油炸類，可用代糖，隨時注意血糖值的變化（連靜慧，

2013）。食物要清淡，少吃糕點類，不要喝酒。少吃「白色食物」，就是白米、白麵包、白砂糖等原有食材的礦物質被去除的食物，這些食物會造成血糖值升高，白米的GI值是88，糙米只有55。糖尿病患者要控制血糖值，建議吃豐富維生素A、C、E食物，多吃綠色蔬果，用飲食中的營養素來補充，並維持健康的生活作息型態。

GI值

　　GI（Glycemic Index）值，就是該食物會提高血糖值的指標數值，GI值越低越好。

實務經驗分享

糖尿病患忌食燕麥，飯前水果忌食木瓜等過甜的水果，下午午餐點心給予250公克木瓜時，會導致飯前血糖值飆高至200以上。

四、化療病患特殊飲食

　　化療飲食與一般飲食不同，需要補充高蛋白食物，例如雞肉、牛肉、蛋、起司，早餐中的火腿營養仍不夠。每天一定要吃三餐，晚上肚子餓時，可以吃一片吐司或餅乾補充。滷肉飯等油膩的食物不要吃，不吃生食，不吃生菜沙拉，隔夜餐一定要煮熟才能吃。水果要現切去皮馬上吃，切過或冰過的不可以吃。舉例來說，若案主體重47公斤，就要補充一個手掌大的蛋白質的分量。要吃沒有礦物質的維他命，並補充B群。

 第三節　老年期的營養

　　老年期的營養攝取是延長壽命、活得更健康的途徑之一。研究指出，限制卡路里的攝取，即每天攝取維持生存所需的1,400大卡，將可增加三十年的生命歲月。因此為達延長壽命的目標，生物老化專家吳爾福德（Roy Walford）提出所謂高低飲食（high-low diet）的說法，即個體應攝取高營養、低卡路里的食物。其他途徑包括瞭解有助於長壽的飲食及環境原則，限制卡路里的攝取，減少自由基的產生，多吃抗氧化的食物，常處在有利於長壽的環境中，採取簡樸自然的生活型態（黃富順，2012）。老年期的飲食原則是清淡、少量多餐、多喝開水及均衡營養。

壹、老年期的營養需求

　　老年的營養問題，在能量需求方面，由於老人基礎代謝率有下降的情形，所需的能量也較少。以體重來計算老人的基礎代謝率（Basal Metabolic Rate, BMR），男性是0.0491×公斤體重＋2.46，女性的基礎代謝率是0.0377×公斤體重＋2.75。在營養素方面，健康老人跟一般成人沒什麼差別，但是在臨床方面，老人有他們獨特的問題，如維他命B_{12}是0.5mg/1,000kcal來計算。若老人須至少2,000大卡，最好至少給予1毫克的維他命B_1。維生素C容易從食物烹煮中消耗，故需注意，維生素C是水溶性，可以抑制黑斑、預防感冒、抗老化。台灣陽光充足，維生素D的補充是不必要的，唯獨臥床案主或腎不好的人就需要補充。充足的纖維質可以改善排便的問題（劉樹泉，2000）。

一、骨骼健康需要哪些營養素？食物來源？每日需要
量？

　　對於老人而言，維持骨骼健康，需要哪些營養素？食物來源為
何？每日需要量多少？一般來說，維持骨骼健康，需要維生素D和
鈣、磷、鎂、氟。以**表5-1**之食物來源來選擇對長者鈣質補充有助
益的食物。

　　維生素D與鈣也有密不可分的關係。食物中有D_3是脂溶性，
由小腸吸收，送到全身組織，人體可以合成D_3，產生D_3須日曬5～
10分鐘。D_3經代謝，轉成荷爾蒙（活化），活化的D，叫做「鈣
三醇」，維持血鈣恆定。D促進小腸鈣吸收，骨質釋鈣及保留腎臟
鈣，是維護骨骼與牙齒正常生長，發育與健康最重要的成分，有足
夠的酸性，可增加鈣的吸收，D_3可幫助鈣的吸收，補充鈣時，鈣中
需添加D_3，人體才有辦法吸收。

二、哪些情況需要攝取維生素、礦物質補充劑？

　　骨骼保健、血液保健、抗氧化、能量代謝、基因調節保護皮
膚、體液平衡之下，需要攝取維生素、礦物質補充劑（**表5-2**）。

表5-1　對長者骨骼健康補充有助益的食物

No.	營養素	食物來源	每日需要量
1	維生素D	乳類、D_3補充劑	5ug
2	鈣	・動物性食物：乳製品、某些魚貝	1,000毫克
3	磷	・植物性食品：豆類、堅果類、蔬菜類（花椰菜、十字花科的高麗菜、油菜、芥蘭菜）	800毫克
4	鎂	堅果與種子類、豆類	男360毫克女315毫克
5	氟	水、氟補充劑、潔牙產品	3毫克

表5-2 維生素、礦物質補充劑之攝取

No.	情況	維生素／礦物質補充劑
1	骨骼保健	鈣、磷、鎂、氟、維生素D
2	血液保健	鐵、銅、葉酸、維生素B_{12}、B_6、K
3	抗氧化	維生素C、E、硒、錳
4	能量代謝	維生素B_1、B_2、B_6、菸鹼酸、泛酸、生物素、膽素、碘、鉻、硫、鉬
5	基因調節保護皮膚	維生素A、鋅
6	體液平衡	水、鉀、鈉、氯

三、缺乏哪些營養素會導致貧血？食物來源？每日需要量？

老年人常有缺血症狀，有些是因為長期吃素未補充鐵劑造成，有些是身體退化或造血功能問題產生，也因此，老年期的營養，也要多注意鐵及B群的攝取。**表5-3**就其食物來源及每日需要量做一說明。

四、具有抗氧化的維生素有哪兩種？食物來源？每日需要量？

抗氧化的食物，對老年人來說十分重要。維生素C及維生素E是最基本且容易取得的保健食品，在天然食物中，也可以攝取的到。**表5-4**就其食物來源及每日需要量做一說明。

抗氧化食物可以抗老化，老化的身體正如鐵釘暴露在氧氣中生鏽變弱，當氧氣自由基逐一摧毀動物DNA並且造成細胞死亡時，人就開始老化且變弱。我們的細胞會產生抗氧化劑，來對抗自由基持續攻擊下造成的損害，但我們的細胞無法防堵所有的損害。就連每天的活動都會為自由基的活動添加柴火，並且讓身體抹除自由基

表5-3　鐵及B群的食物來源及每日需要量

No.	維生素	食物來源	每日需要量
1	鐵	• 肉類（豬肝、豬血） • 魚貝類（小魚、牡蠣） • 蔬菜類（紫菜、芹菜） • 豆類（紅豆、綠豆） • 堅果類（白芝麻、腰果） • 水果類	10毫克
2	B_6	• 肉類、全穀類	1.5mg
3	B_{12}	• 畜水產 • 動物性食品（肝臟）	2.4ug
4	葉酸	• 植物性食品 • 綠葉蔬菜、蘆筍、綠花菜 • 乾豆類、莢豆類 • 菇類 • 水果（柑橘、香蕉、哈密瓜） • 堅果類 • 動物性食品 • 肝臟 • 營養強化穀類製品	400ug

表5-4　抗氧化食物來源及每日需要量

No.	維生素	食物來源	每日需要量
1	維生素C	水果、冷凍蔬菜	100mg
2	維生素E	植物油、堅果類	20到30IU

的嘗試變得更加困難，從而加速自由基的摧毀工作（黃煜文譯，2011）。輔酵素Q10、維生素C、E等，都是有效的自由基排除劑，是幫助身體防鏽的最佳幫手。

　　生活環境中充斥著許多促使體內活性氧增生的誘發因子，像是空氣汙染、食品添加物、紫外線、電磁波、化學物質、抽菸、熬夜、緊張、壓力等，一旦體內活性氧含量過多，容易出現肌膚暗

沉、細紋、斑點等，並引發身體不適，因此平時多攝取富含抗氧化成分的天然食物，同時適時補充營養食品做好體內環保，促進活性氧代謝，可以保持健康（朱志凱，2010）。抗氧化食材包括：

1. 輔酶Q10：在肉類、魚類、綠色蔬菜、菠菜、花椰菜、芝麻、花生、堅果類中，人體也可自行合成，有抗氧化及維持心臟功能的作用。

2. 魚油DHA：在深海魚類如鯖魚、鮪魚、鮭魚中，可幫助記憶等作用。

3. 兒茶素：每天食用1克兒茶素（相當於10杯綠茶），有抗老效果，抗氧化力比維他命E多20倍。

4. 藍莓：富含維他命A、C、E、鈣、鐵、花青素等，有抗氧化等功能。

5. 葡萄糖胺：從螃蟹和蝦子等甲殼動物外殼所含的甲殼素中萃取而得。

6. 軟骨素：在海參、昆布等植物和動物軟骨中。有讓軟骨及關節彈性滋潤功能。

7. 薑黃：薑黃素在薑黃的根莖，咖哩粉裡的黃色香料，有高抗氧化力等功能。

8. 蔓越莓：含青花素和維他命C可抗老化，可幫助女性預防泌尿道感染。

9. 蝦紅素：在紅球藻等藻類中。在體內可轉成維他命A對腦部及視力有益，透過食物鏈囤積在魚貝類中，是導致鮭魚或蝦蟹身體呈紅色的成分。抗氧化力是維他命E的1,000倍。每日須攝取4～6mg以上，但一片鮭魚肉只有約1mg的蝦紅素，可利用營養補助食品來補充。

五、維生素B群常見的缺乏症？食物來源？每日需要量？

　　維生素B群常見的缺乏症是神經炎、皮膚炎、貧血，維生素B_1、B_2、B_6的食物來源及每日需要量如**表5-5**所示。

　　老人還有許多合併症狀，包括素食者產生的症狀，皮膚炎、神經炎、貧血、腳氣病等，其所需之維生素及礦物質補充劑說明如**表5-6**。

　　其他如脹氣者避免食用豆類與奶類，長者煮米飯時，應多加一些水，讓米飯更Q軟。特別是在煮五穀米或十穀米的時候，水分要按照比例後，再增加10%的水分。

貳、瞭解老人餐食設計與製作的方法

　　退化的生理機能，如消化液及唾液分泌減少、腸蠕動變慢、牙齒不好、吞嚥易嗆、味覺變差導致越吃越鹹、疾病與藥物的影響等，讓老人的飲食習慣產生的變化。

　　成人一天均衡飲食建議量，需從奶類、水果、蔬菜、蛋豆魚肉、五穀根莖、油各類別，以及1份量計算單位，計算出每種類別

表5-5　維生素B_1、B_2、B_6的食物來源及每日需要量

維生素	食物來源	每日需要量
B_1	• 肉類 • 米食類	男1.37mg 女1.08mg
B_2	• 內臟、草菇、綠葉蔬菜、乳製品 • 全穀類、堅果類、蛋 　（烹調時不可加蘇打）	男0.9～1.6mg 女0.8～1.3mg
B_6	• 肉類 • 全穀類	1.5～1.6mg

表5-6　其他維生素及礦物質補充劑

No.	情況	維生素／礦物質補充劑		
1	老人	B_{12}		
2	素食者	鋅	鐵	B_{12}
3	皮膚炎、神經炎、貧血、腳氣病	B群		
4	甲狀腺腫大	碘		
5	缺抗氧化劑者	硒	C	E
6	服用藥物（抗生素和抗高血壓藥）	依藥物種類補充		
7	疾病導致吸收不良	依需要補充		
8	營養素不足（因食物過敏、偏食導致）	依需要補充		
9	營養性貧血（淺色素小紅血球貧血）	鐵	B_6	C
10	營養性貧血（巨胚紅血球貧血）	葉酸	B_6	B_{12}
11	月經後、停經	鐵		
12	胃切除、胃黏膜受傷、胃酸患者	B_{12}		
13	凝血功能不佳	K		
14	壞血病、抽菸者、受傷者	C		
15	神經組織受損、運動失調	E		
16	苯酮尿症、癲癇	錳		

之建議分量之後，再將1代換量食物所含營養量，蛋白質、脂肪、醣，計算出每人每日在各類別中之建議分量，飲食設計參考資料如**表5-7**所示。

一、老人營養餐食設計

　　老人餐食分成一般飲食、細碎飲食、半流質和奶製品流質。老人餐食設計和製作，需要比一般普通飲食設計要複雜，原因在老化所伴隨而來的疾病和退化的身體狀況，造成三餐飲食需衡量老人當時的身體狀況及吞嚥能力而定（行政院衛生署，2008）。從成人一天均衡飲食建議量表來看，一般人一天可以吃一個蛋，對於老人來

表5-7 成人一天均衡飲食建議量

成人一天均衡飲食建議量			1代換量食物所含營養量			
類別	建議分量	1分量計算單位	蛋白質	脂肪	醣	熱量（卡）
奶類	1	240cc.（低脂）	8	4	12	120
水果	2	一個拳頭大	-	-	15	60
蔬菜	3	1份100克	1	-	5	25
蛋豆魚肉	4	蛋1個 ＝田豆腐一塊 ＝魚35克 ＝肉35克	7	5	-	75
五穀根莖	14	飯1碗200克 ＝饅頭1個 ＝吐司2片	2	-	15	70
油	8	5cc.	-	5	-	45
			糖（沒有代換量）			克數×4

說，一週建議不超過4～5顆為宜（依個人身體健康狀況而異）。另外，有些長者長年吃素食，缺乏鐵質容易貧血，在飲食上可以用替代方案或營養補充品補充。六大類營養素食物分量代換，奶類（低脂）每份熱量約120卡，水果類每份熱量約60卡，蔬菜類每份熱量約25卡，蛋豆魚肉類每份熱量約55～75卡，五穀根莖類每份熱量約70卡，油脂類每份熱量約45卡（**表5-8**）。

表5-8 食物分量代換表及熱量

	品名	蛋白質	脂肪	醣類	熱量
食物分量 代換表	奶類（低脂）	8	4	12	120
	蛋豆魚肉類	7	5	-	75
	五穀根莖類	2	-	15	70
	蔬菜類	1	-	5	25
	水果類	-	-	15	60
	油脂	-	5	-	45

對老人而言，計算熱量和飲食設計，是比較複雜，通常都需要經由專業營養師提供進一步的諮詢，依照個人體質和慢性病，再做正確的調配。在機構，住民的餐食也都是會在至少每三個月，由專業營養師開立個人化菜單和機構每週建議菜單。以下提供長者簡易計算的方法，例如奶類一份，可以選擇240毫升低脂牛奶。水果類一份，可以選擇一個拳頭大的柳丁、蘋果、芭樂、梨、桃，或葡萄13顆、小番茄23顆、草莓16顆、櫻桃9個、木瓜1/3個120克、西瓜1片250克、哈密瓜1/4個195克、鳳梨1/10片130克、香蕉1根、蓮霧2個、楊桃3/4個、奇異果1又1/2個、紅棗10個。蔬菜類一份，可以選擇含蛋白質較高的洋菇、地瓜葉、青江菜、紅莧菜、龍鬚菜、香菇、苜蓿芽、油菜花，或含鉀離子較高的洋菇、地瓜葉、莧菜、金針菇、茄子、牛蒡、大番茄、金針菜、花椰菜。冬瓜鉀離子也很高，但水分很多。不宜攝取過多鉀離子的老人，要特別注意。蛋豆魚肉類每份55卡，一份可以選擇豆漿260毫升；每份75卡的一份可以選擇田豆干1片、嫩豆腐半盒140克、半個手掌大的魚或肉35克、魚肉鬆25克（加10克碳水化合物）、雞蛋1個55克。五穀根莖類一份可以選擇飯1/4碗、稀飯1/2碗、麵1/2碗、米粉1/2碗、饅頭（中）1/3個、吐司1/2片、水餃皮3張、燒餅1/4個、蘿蔔糕1塊、馬鈴薯1/2個、地瓜1/2個、山藥100克、芋頭1/5個55克、蓮藕100克、玉米1/3根、薏仁1又1/2湯匙20克、蓮子32粒20克、紅豆20克、綠豆20克、燕麥20克、栗子6粒40克。油脂類一份可以選擇橄欖油、芥花油、麻油5克；瓜子50粒；南瓜子、葵花子30粒；花生仁、開心果10粒；杏仁果、腰果5粒；芝麻2茶匙8克（**表5-9**）。

老人喜歡蒸煮食物，以下提供易咀嚼消化的養生餐，給長者參考。老人因為牙齒等緣故，都會選擇比較容易咀嚼且易消化又富含

表5-9　食物熱量換算表

營養素	份數	熱量	食物名稱及重量或大小
奶類	一份	120卡	240毫升低脂
水果類	一份	60卡	• 一個拳頭大計算：柳丁、蘋果、芭樂、梨、桃 • 顆數計算：葡萄13顆、小番茄23顆、草莓16顆、櫻桃9個 • 其他：木瓜1/3個120克、西瓜1片250克、哈密瓜1/4個195克、鳳梨1/10片130克、香蕉1根、蓮霧2個、楊桃3/4個、奇異果1又1/2個、紅棗10個
蔬菜類	一份	25卡	洋菇、地瓜葉、青江菜、紅莧菜、龍鬚菜、香菇、苜蓿芽、油菜花，或含鉀離子較高的洋菇、地瓜葉、莧菜、金針菇、茄子、牛蒡、大番茄、金針菜、花椰菜、冬瓜（燙熟的半碗為一份，生菜沙拉一碗為一份）
蛋豆魚肉類	一份	55卡	豆漿260毫升
	一份	75卡	• 田豆干1片、嫩豆腐半盒（約140克） • 半個手掌魚、肉（約35克） • 雞蛋1個（約55克）
五穀根莖類	一份	70卡	飯1/4碗、稀飯1/2碗、麵1/2碗、米粉1/2碗、饅頭（中）1/3個、吐司1/2片、水餃皮3張、燒餅1/4個、蘿蔔糕1塊、馬鈴薯1/2個、地瓜1/2個、山藥100克、芋頭1/5個55克、蓮藕100克、玉米1/3根、薏仁1又1/2湯匙20克、蓮子32粒20克、紅豆20克、綠豆20克、燕麥20克、栗子6粒40克
油脂類	一份	45卡	• 橄欖油、芥花油、麻油5克 • 瓜子50粒；南瓜子、葵花子30粒；花生仁、開心果10粒；杏仁果、腰果5粒 • 芝麻2茶匙8克

營養的食物，原則是早餐吃得剛剛好，午餐簡單吃，晚餐一定要吃飽，湯類儘量在午餐前吃，老人晚餐儘量避免攝取太多水分，避免造成睡夢中起身如廁造成的跌倒等危險。肉類儘量在午餐前食用，因為肉類需要較長的時間消化。番茄和小黃瓜是佐餐最佳食材，切

薄片可以與早餐吐司一起食用,番茄用油脂炒過,會釋出更多茄紅素,人體各部位更容易吸收(**表5-10**)。

二、飲食設計和理想體重

飲食設計包括計算理想體重、計算需要熱量、分配蛋白質、脂肪、醣類,分配計算六大類食物需要量。計算身體質量指數BMI和理想體重的方法如下:

理想的BMI是 = 體重 ÷ 身高^2 = kg ÷ m^2

成人理想體重的計算 = 22 × (身高m)^2

以一位65歲女性為例,其身高157公分,理想體重為54公斤,BMI為22;亦可參考我國成人身高理想體重對照表。健康九九網站,亦可以幫助瞭解個人BMI值的計算與相關訊息。

表5-10　易咀嚼消化的養生餐

餐名	時間	食物或食材
早餐	早上7點	• 五穀根莖類以地瓜、芋頭、山藥、馬鈴薯為主,或是麥片、吐司、包子等。 • 奶類一份以牛奶為主。 • 蛋豆魚肉類以無糖豆漿、豆腐、豆干、魚類為主。 • 油脂類以芝麻粉或亞麻子粉為主。
午餐	中午11點	• 煮麵時放番茄、洋蔥、芹菜、蒜頭、薑、枸杞、綠葉青菜。
點心	下午3點	• 枸杞紅棗茶。 • 水果類以蘋果、香蕉、水梨、葡萄等。
晚餐	傍晚5點	• 五穀根莖類以米飯為主,奶類一份以牛奶為主。 • 蔬菜類以各式蔬菜為主,小黃瓜、木耳、綠葉蔬菜等。 • 蛋豆魚肉類以豆腐、豆干、魚類為主。 • 油脂類以橄欖油或麻油為主。

接下來計算總熱量，工作量分成臥床25、輕度30（辦公室行政人員等）、中度35（比較有在外面活動者）、重度40（裝潢工作者等），以一位65歲的女性而言，其工作量為35kcal，乘以理想體重54，則其活動量為1,890kcal（**表5-11**）。

表5-11　總熱量計算

總熱量kcal	工作量kcal	理想體重kg	工作量分級
1,890	35	54	65歲的女性中度工作量

接著分配蛋白質、脂肪、醣類三大類營養素，在一天中所占的比例，蛋白質占14%、脂肪占30%、醣類占56%，分別需除以4、9、4，可以得知蛋白質、脂肪、醣類分別約為67克、43克、267克。計算方式如**表5-12**所示。

表5-12　三大類營養素一天中所占的比例及克數

三大類營養素	一天中所占的比例	所占克數	計算方式
蛋白質	14%	67克	1,890×14%÷4
脂肪	30%	64克	1,890×30%÷9
醣類	56%	267克	1,890×56%÷4

依照上述得知的分配克數，先分配低脂奶、水果、蔬菜的份數，分別為1、2、3份，再依照其蛋白質、脂肪、醣類的1代換量對等營養素含量，計算出其份數所占的營養素含量。蛋豆魚肉基本上為4份，再依照其蛋白質、脂肪、醣類的1代換量對等營養素含量，計算出其份數所占的營養素含量。其餘的分配在五穀根莖和烹調用油中，然後核對總計量是否和前述計算出的蛋白質、脂肪、醣類分

別約為67克、43克、267克的數字符合。最後計算分配食物份數，依照每日總份數分配在早餐、午餐、晚餐和晚點中。如**表5-13**食物需要量所示，以總熱量1,890卡為例，可以看出水果類每日建議攝取2份，蔬菜類每日建議攝取3份，蛋豆魚肉類每日建議攝取4份，五穀根莖類和油脂類分別為14份及8份，欲減重者可以在此兩大類食物中，減少攝取份數。

成人理想體重是22×（身高m）^{2}，理想體重的範圍是加或減10%，低於理想體重20%會造成營養不足的問題，高於20%會產生過胖的問題。**表5-14**提供給照顧員，計算自己的食物需要量。

表5-13　食物需要量

1代換量／營養素含量			食物種類	份數	營養素含量g			分配食物份數			
蛋白質	脂肪	醣類			蛋白質	脂肪	醣類	早餐	午餐	晚餐	晚點
8	4	12	低脂奶類	1	8	4	12	1			
-	-	15	水果類	2	-	-	30		1	1	
1	-	5	蔬菜類	3	3	-	15		1	2	
2	-	15	五穀根莖類	14	28	-	210	4	4	4	2
7	5	-	蛋豆魚肉類	4	28	20	-	1	2	1	
-	5	-	油脂類	8	-	40	-	1	3	4	
			總計		67	64	267				

表5-14　回家功課──計算自己的食物需要量

1代換量／營養素含量			食物種類	份數	營養素含量g			分配食物份數			
蛋白質	脂肪	醣類			蛋白質	脂肪	醣類	早餐	午餐	晚餐	晚點
8	4	12	低脂奶								
-	-	15	水果								
1	-	5	蔬菜								
2	-	15	五穀根莖								
7	5	-	蛋豆魚肉								
-	5	-	烹調用油								
			總計								

　　成人健康體重對照表，可以參考衛生福利部國民健康署健康九九網站的相關資訊（衛生福利部國民健康署，2014）。另外提供我國成人身高理想體重對照表（**表5-15**），可以立刻知道自己的理想體重。

表5-15　我國成人理想體重

我國成人身高理想體重對照表（cm-kg）					
身高	體重	身高	體重	身高	體重
154	52	164	59	174	67
155	53	165	60	175	67
156	54	166	61	176	68
157	54	167	61	177	69
158	55	168	62	178	70
159	56	169	63	180	71
160	56	170	64	181	72
161	57	171	64	182	73
162	58	172	65	183	74
163	58	173	66	184	74

 第四節　實務工作示範

　　以下實務工作示範包括飲食設計、退休族飲食計畫及健康飲食調理一日菜單設計。另外，也針對西式餐點做熱量計算及設計。

壹、餐食設計製作

早餐		1.低脂牛奶240毫克 2.吐司2片 3.蛋1個
中餐		1.泰國芭樂160克（去籽後3/5顆） 2.炒A菜100克 3.炒五花肉50克 4.飯1碗 5.豆腐湯140克（1/2盒）
晚餐		1.葡萄13顆 2.炒高麗菜100克 3.煎虱目魚35克 4.飯1碗 5.苦瓜湯100克
晚點		蘇打餅乾6片（40克）
備註：一天烹調用油量40cc.		

以一位65歲女性為例，其飲食計畫表菜單購買份數及重量，如表5-16所示。

表5-16　飲食計畫表菜單購買份數及重量

編號	食物名稱	分量	重量	備註
1	低脂牛奶	1	240	毫克
2	土司	2	100	克（2片）
3	蛋	1	55	克（1個）
4	油	8	40	cc.
5	A菜	1	100	克
6	高麗菜	1	100	克
7	五花肉	1	50	克
8	嫩豆腐	1	140	克（1/2盒）
9	白飯	8	800	克（2碗）
10	虱目魚	1	35	克
11	苦瓜	1	100	克
12	蘇打餅乾	2	40	克（6片）
13	泰國芭樂	1	160	克（1/3顆）
14	葡萄	1	130	克（13顆）

　　以下餐點飲食菜單設計對象，以喜歡西式餐點的銀髮族、入住台灣各醫院之外國病患為主。菜單設計重點以普通飲食為主，烹調方式則以細碎飲食為輔。外國人比較習慣吃自己熟悉的菜，營養師及廚房可以變換成西式菜單。老人少量多餐，且夏天熱吃不下熱食時，歐式餐點可引起食慾。有些食物可以不切或不拆開，老人會留著在兩餐中間吃（**表5-17**）。

表5-17　西式菜單

午餐菜單	食材	重量	熱量 換算單位（克／卡）	熱量	菜單 熱量計算
草莓吐司	1.吐司（切邊）	31	25/70	86	112
	2.草莓果醬	2	20/60	6	
	3.海苔	1	5/20	4	
	4.海苔肉鬆	5	100/326	16	
和風沙拉	1.生菜	50	100/25	13	49
	2.小黃瓜	20	100/25	5	
	3.小番茄（3顆）	24	175/60	9	
	4.紫色萵苣	20	100/25	5	
	5.玉米粒	10	65/70	10	
	6.苜蓿芽	少許	-	-	
	7.和風醬	5	100/5	1	
	8.白芝麻	1	8/45	6	
歐姆雷蛋包	1.火腿	10	20/30	15	303
	2.洋菇	10	100/25	3	
	3.蛋（1顆）	55	55/75	75	
	4.大番茄	5	100/25	1.5	
	5.洋蔥	5	100/25	1.5	
	6.蔥花	少許	-	-	
	7.起司條	10	100/310	31	
	8.橄欖油	15	5/45	135	
	9.番茄醬	10	100/106	11	
	10.牛奶	60	240/120	30	
蔬菜湯	1.大番茄	5	100/25	1.5	31
	2.高麗菜	40	100/25	10	
	3.紅蘿蔔	10	100/25	3	
	4.洋蔥	5	100/25	1.5	
	5.高湯	200ml	200/15	15	
水果	1.小番茄（6顆）	48	175/60	16	46
	2.蘋果	65	130/60	30	

貳、飲食計畫與生活

計算一天的飲食食物熱量，以退休族陳小姐為例，其體重58公斤，當天吃進的食物熱量如**表5-18**所示。

動動腦：

1. 身高157公分的退休族陳小姐，標準體重是_____。

2. 如果陳小姐希望在30天內減重2公斤，要消耗500卡，你會建議她：

   (1)跑步（中速）30分鐘可消耗290卡（58×5卡）兩次。

   (2)一半由運動減少（250卡），一半由飲食減少（250卡）。

   正確答案是(2)。

表5-18　食物熱量計算例題

No.	用餐時段	食物內容	食物重量	熱量（卡）	分量
1	早餐	牛奶	400毫升	69	1
		咖啡拿鐵	240毫升	56	1
		三明治	67克	251	1
		水	500毫升	0	1
2	中餐	涼麵	330克	354	1
		水餃	160克	212	1
		優酪乳	200毫升	57	1
		無糖綠茶	500毫升	0	1
3	下午點心	巧克力	43克	570	1
		奶茶包	18克	83	1
		布丁	180克	12	1
4	晚餐	便當（雞腿）	368克	690	1
		蔓越莓汁	400克	43	1
5	零食點心	餅乾	49克	289	1
合計				2,786	

3.如果你是退休族陳小姐的朋友，在飲食計畫及生活作息上，你會給她什麼建議？

表5-19 計算自己一天的飲食食物熱量

No.	用餐時段	食物內容	食物重量	熱量(卡)	分量
1	早餐				
2	中餐				
3	下午點心				
4	晚餐				
合計					

參、預防失智飲食

預防失智症的方法，包括避免頭部外傷、規律的運動和飲食、降低產生慢性病的危險因子、大腦認知的訓練與運動等，都是預防之道。建議「地中海型飲食」，避免含鋁的物質吃下肚，鋁罐裝的飲料含鋁量是鋁箔包的8倍，油條中的膨鬆劑、麵包蛋糕用的發

泡劑、冬粉中的明礬，都應避免。下雨過後的自來水含鋁較高，盛裝放置一天後再煮沸飲用（財團法人天主教失智老人社會福利基金會，2011）。保有老本及老友、規律的團體靈修生活等，也都是預防之方（財團法人天主教失智老人社會福利基金會，2011）（**表5-20**）。

地中海型飲食

地中海型飲食建議多蔬果、全穀類及豆類，攝取單元不飽和脂肪酸之油脂類，例如橄欖油及堅果類，肉類以魚為主，較軟且容易消化，吃飯時喝半杯140cc.紅酒。

表5-20　預防失智症食物

No.	六大類營養素	預防失智症食物
1	五穀根莖類	地瓜、山藥、薏仁、南瓜、銀杏
2	蔬菜類	洋蔥、胡蘿蔔、番茄、茄子、菠菜、豌豆、大蒜、甜椒、綠花椰菜、芹菜、菇類
3	油脂類	橄欖油、堅果類
4	奶類	優格
5	水果類	柑橘、柳橙、檸檬、木瓜、芒果、藍莓、草莓、奇異果、香蕉
6	豆蛋魚肉類	黃豆、海鮮（不含深海魚類）
7	其他	紅酒、薑黃、綠茶

參考文獻

台灣癌症基金會（2015）。〈得舒飲食——教你輕鬆對抗三高〉。財團法人台灣癌症基金會網站http://www.canceraway.org.tw/579aday/page.asp?IDno=140

朱志凱（2010）。《醫師教你吃出健康美麗》。台北市：體面文化。

行政院衛生署（2008）。《老人營養餐手冊》。台北市：行政院衛生署。

周文欽（2006）。《健康心理學》。台北：空大。

財團法人天主教失智老人社會福利基金會（2011）。《這樣吃，不失智》。台北市：時報文化。

連靜慧（2013）。《老人照顧概論》（第十章營養與膳食）。台中市：華格那企業。

黃富順（2012）。《高齡心理學》。台北市：師大書苑。

黃煜文譯（2011）。Ted C. Fishman著。《當世界又老又窮：全球人口老化大衝擊》。台北市：天下遠見。

楊其璇譯（2011）。Sue V. Saxon、Mary Jean Etten、Elizabeth A. Perkins著。《老人生理變化：概念與應用》（第十九章營養）。台北市：華騰文化。

劉樹泉（2000）。《老人學與老人醫學》。台北市：合記。

衛生福利部國民健康署（2014）。「成人健康體重對照表」。衛生福利部國民健康署健康九九網站http://health99.hpa.gov.tw/Article/ArticleDetail.aspx?TopIcNo=825&DS=1-life

蕭雲菁譯（2010）。石原結實、安保徹著（2008）。《遠離疾病的生活常識》。台北市：晨星。

蕭寧馨（2009）。《食品營養概論》。台北：時新。

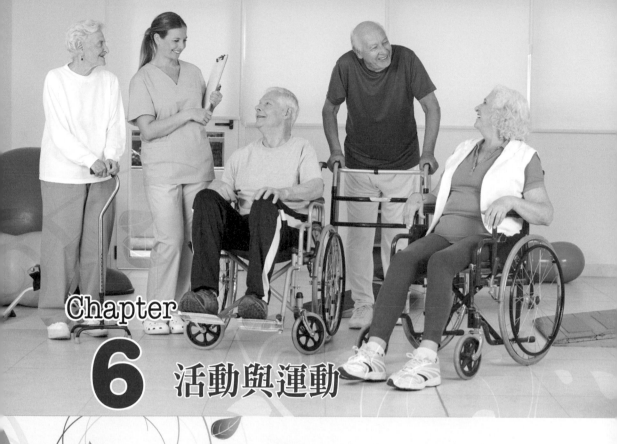

Chapter
6 活動與運動

　　健康生活是需要健康體適能，來吸收能量和釋放熱量，搭配均衡的飲食及充足的睡眠與休息，加上人際互動與心靈支持，才能引導案主過健康的生活。國家衛生研究院溫啟邦教授於2010年的研究調查指出，每天至少運動15分鐘，不僅可延長三年壽命，還可降低癌症死亡風險10%，且心血管疾病死亡風險減少20%，總死亡率也降低了14%（台灣癌症基金會，2015）。本章茲就活動及運動的種類、被動運動及輔具使用和褥瘡處理原則分述之。

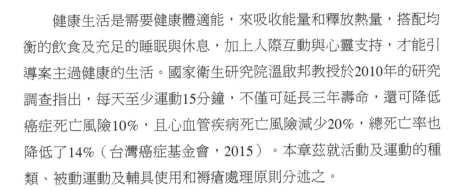

第一節　活動及運動的種類

　　老人的活動與運動，對保持肌肉強度，對抗鈣質流失，改善心血管系統，增強呼吸功能，促進新陳代謝有許多益處。適合老人的運動包括保健操、增氧運動和徒步行走。老人可以在家做胯部練習、肩部活動、脊椎活動和自我按摩。身體四肢的伸展，都是改善肌肉力量的練習。「Ost放鬆練習」是自己調適壓力，讓肌肉放鬆，只專注於呼吸，是一種在任何時候都可以做的活動（詹玲譯，2010）。健走步行是一種可以從年輕到老持續且一個人可以獨自完成的運動，要注意鞋子的選擇，鞋底的防滑性和穿著的輕便性及保暖性。徒步運動可以在室內或室外進行，所以沒有時間及空間的限制，唯獨心跳值要注意不要超過運動處方中的最大值，有高血壓等慢性病者，其運動處方需另外諮詢醫生的建議。

　　本章所提及的活動及運動，概括照顧者與被照顧者雙方所涉及的活動。在照顧者方面，可以利用身體力學等原理，來完成照顧工作，避免照顧工作中因施力不當造成身體傷害。被照顧者方面，則是以其生活照顧在被動關節運動、擺位、復健運動等可以漸進式提

升其生理健康的活動。老人的骨質疏鬆，器官退化，加上失能者在變換姿勢上的需求，以避免合併症的產生，因此，本節茲就活動及運動的原則、姿勢與支托身體的移位、姿勢擺位的重點、身體移位程序的重點分述之。

壹、活動及運動的原則

復健運動的目的，是要幫助案主維持或恢復日常生活功能，預防肌肉萎縮及關節僵硬，維持正確及舒適的姿勢，達到活動與運動的原則。協助移位也是幫助失能者活動的一項重要照顧工作。被動關節運動，每一個關節一日完成至少兩次的活動次數，每個動作至少重複三次，依照案主當時的能力及狀況執行。剛中風的病人，中風兩天後就可以下床復健，需要有人協助及注意安全。初次下床時，可以訓練坐在床緣，由於案主中風的單側無法動作，照顧者要協助扶持患側，避免案主頭暈，若有頭暈現象，仍需平躺並補充水分，高血壓患者下床前，先測量血壓值，若高於正常值，就要避免下床運動或運動時間不宜過長。

實務經驗分享

被動運動，對居家服務而言，為了避免不當的動作造成傷害，因此建議做兩個動作。第一個動作是振動輔療（vibrational theropy）。第二個動作是輕揉，讓案主肌肉放鬆，協助緩和情緒。若是中風患者，可以鼓勵案主自己以健側協助患側運動，並加以讚美，不給予壓力為宜。

可以使用運動自覺量表來自我評估運動對身心的影響。0分至10分，從沒有感覺到非常非常強，來評估身心對運動強度的感受（王琤等，2011）。給予案主心理建設與讚美鼓勵是很重要的，一句「加油」、「你好棒」、「慢慢來不急」、「越來越好了耶」，多一些讚美，少一些挫折。

實務經驗分享

實務工作中，我們會發現案主家屬比較少用讚美鼓勵的方式，來支持案主為復原所做的努力與所受的挫折。因此，當你接任照顧工作時，不論您是家屬或服務員，都應先鼓勵自己要隨時讚美案主，成為他們的支持系統，設身處地的為他們設想，握著案主的手祈福禱告，也是平撫其因身體不適造成的心理創傷的方法。

老人的運動處方（sports prescription）為依照老人個人身體狀況，安排體適能內容與方法。針對老人年齡、健康狀況、運動經驗，確定活動、內容、次數來訂定處方。安全性是最需要考量的因素之一。跟走有關的漸進運動計畫，包括熱身及健走，可增加關節活動度和預防肌肉發生問題。此項運動可以成為個人的每日運動計畫。用計步器的數字鼓勵自己達到一定的運動量，是很好的方式。理想的訓練時間是起床後做10分鐘的晨間運動，然後如廁及沐浴，簡單早餐後休息30分鐘，再散步10分鐘，到公園活動20分鐘或做其他運動，再沐浴，再吃一份早餐（許樹淵、崔凌震，2010）。

適合老人的活動，茲舉三個例子說明，包括：

第一，拍打健身法。

近年來流行的活動之一，透過拍打可以促進血液循環，活絡筋骨，增強抵抗力，每側拍打一個循環。先將手搓熱，先摸頭、臉，

再摸手和上半身，接下來從大腿外側到內側。拍打鼠蹊部和胳肢窩。拍打或輕摸腹部及肩膀，接下來甩手活動。

第二，深呼吸。

深呼吸是活動除了鎮定和調整心情，對身體的肺部氣體循環，血液的流通，用鼻子吸氣，用嘴巴吐氣，脊椎挺直，閉目養神，是最簡易卻是效果最大，且沒有空間和時間限制的一種老人活動。

第三，步行。

也是一項適合老人的活動，每天30分鐘，每週至少3次，經證實在20週後，最大吸氧量增加8.9%，體重減少1.5%，可以防治低動力病，就是運動不足引起的疾病（許樹淵等，2010）。老人健康體適能的習慣養成，最慢應該在退休前十年開始，持之以恆，才是達到身心健康的策略之一。

也有專家建議閉眼單腳站立10秒鐘，來訓練平衡感及肌肉力量，協助掌管平衡感的三半規管不遲鈍。身體無法開始保持平衡，也是老化的警訊之一（蕭雲菁譯，2008）。單腳站立1分鐘的效果等同走路50分鐘，這種運動稱為「鶴形療法」，站立的一腳要承受雙倍的重量，人體的骨骼會因承受重力而變強，利用刷牙時間運動即可（蕭雲菁譯，2010）。建議在做此項運動時，單手或雙手扶住固定物或可以支撐身體平衡的重物，避免練習中因平衡感遲鈍造成跌倒。

實務經驗分享

一項適合老人的養生操，是先將雙手搓熱，輕敷在閉起的眼皮上。再搓熱雙手，從頭到腳輕敷一次。接著，從頭到腳輕輕拍打身體，由外側向內側，最重要的是肩膀、肚子、鼠蹊處及胳肢窩

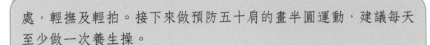

處，輕撫及輕拍。接下來做預防五十肩的畫半圓運動，建議每天至少做一次養生操。

貳、姿勢與支托身體的移位

不動的合併症，又稱廢用症候群，因不活動而導致身體多重系統惡化。案主姿勢與移動是否費力，有極大的相關性。移動下床時，雙手抓住褲袋，案主雙腳做支撐點，即可輕鬆移位。支托身體的移位，例如翻身時，側身手協助握床欄，案主腳微彎，照顧者用手肘在案主臀部處做支撐點，另一手協助案主翻身。早期單人運送，是利用膝蓋對膝蓋的轉位方式，這些都是用支撐點協助完成工作的方法。近年來都是用支撐點、床單或滑板來完成移位，既省時又省力。

參、姿勢擺位的重點

姿勢擺位對失能長者而言，翻身與轉位的技巧十分重要。以中風病人為例，設置翻身卡及確定翻身時間，就可以協助照顧者及其他家屬瞭解翻身的時間。躺臥時和坐在床緣時，都有一定的支撐點設定，讓照顧者可以立刻幫被照顧者姿勢擺位。

肆、身體移位程序的重點

身體移位程序十分重要，因為每一個動作確實的執行，既可省力氣，又可讓案主得到舒適的移動與活動。以下是患者坐在輪椅上

時應注意之小細節。

1. 用約束帶或有扣環之安全椅袋，將患者固定在輪椅上，目的是為了預防患者打瞌睡或移動坐姿時，滑出輪椅而跌倒。

2. 臥床患者坐輪椅時，應加放餐桌，讓患者可將手靠在上面或放置水杯。或在腿上放置一個透氣抱枕，讓手肘輕放在枕頭上減壓。

3. 在輪椅桌和手肘肩，墊上一塊軟布，手肘才不會痛，皮膚也不至於磨傷。

4. 案主背部可墊一個小枕頭，減輕因久坐產生的不適。

5. 隨時注意患者腳部溫度，特別是冬天以及糖尿病患，腳要注意保暖及避免受傷。

6. 對於會將鼻胃管拔掉的患者，應戴上約束透氣手套（注意約束同意書的簽立），以避免鼻胃管不小心被患者拔出，鼻胃管應盤放在患者頸後和肩上，避免因移動不慎壓到管子。

7. 為案主蓋上一層薄被，避免感冒著涼。

8. 為避免口水沾濕衣服導致感冒，下巴下方或胸前可以墊一塊布或紙巾。

9. 推輪椅上下坡時，照顧服務員應在輪椅後側，倒退走下坡道，隨時注意安全。

10. 隨時注意患者腳是否在輪椅腳踏板上，以避免夾傷或腳皮磨地受傷（圖6-1）。

| 需壓下踏板 | 按下按鈕可將腳踏墊移除 | 使用後要靠牆收好 |

圖6-1 輪椅腳踏板

實務經驗分享

臥床或行動不便者，一天下床次數至少兩次。穿好衣褲及襪子再下床，下床用餐時，比較環保的做法，是用廚房用主婦圍巾圍在前面，圍巾的腰帶可以作為安全帶，再用小毛巾墊在下巴，這樣既環保，又不用一直使用一次性的衛生紙或塑膠製的老人餐食圍巾。

伍、預防跌倒

預防跌倒運動，又稱為不倒翁運動，發生跌倒的危險因子有：年齡大於或等於65歲、過去三個月曾跌倒、睡覺前有喝水習慣、剛睡醒會有頭暈現象、視力模糊、意識不清、低血壓。如何避免跌倒高危險群跌倒發生率，以下七項事項應特別注意：

1.地板及浴室要保持乾淨及乾燥。

2.隨時將病床降到最低。

3.穿適合腳大小的鞋子。

4.拖鞋要防滑。

5.晚上8點以後少喝水或飲料。

6.睡覺前先上洗手間，排空尿液，減少夜間起床如廁的機會。

7.服用以下藥物會容易發生跌倒，如止痛劑、鎮靜安眠劑、抗憂鬱劑、鎮攣劑、降壓利尿劑、瀉劑等。預防措施包括適度的休息，若有身體不適，回診時應告知醫師，是否調整劑量。

　　跌倒之預防措施包括走路時，要有人在側注意安全，照顧者在案主一側，或走在案主後面，但一手放在案主前方，家中可裝扶手（沿著臥室到浴室），用輔具，例如輪椅，馬桶椅或ㄇ字型助行器或拐杖協助個人行進，入睡時床之兩側欄杆拉起，告知案主，只要起床、上廁所等需要走動時，要呼叫照顧者到旁邊來協助，到固定點要坐下時，輪椅等輔具要固定不可滑動，早上起床比較容易頭暈無力，可使用尿壺，避免頭暈時行走造成跌倒，可使用馬桶椅放至馬桶椅在床側，行走的通道勿放置障礙物，採漸進式方式下床，要坐在床緣1～3公分，不暈時，再協助站立及行走。

 ## 第二節　被動運動及輔具使用

　　被動運動是完全靠外力幫助來完成的一種運動，進行時，肢體應放鬆，利用外力固定關節的近端，活動關節的遠端。輔助運動是老人尚無力量完成主動運動時，藉由他人、健側或器材來協助患者

進行運動，而老人運動處方用在主動運動上（許樹淵等，2010）。要多鼓勵案主主動或被動運動，否則易產生不動的合併症，原因是不活動會導致身體多重系統惡化。全關節運動與被動運動十分重要，剛開始不超過10分鐘，每個關節運動2～5次，使用溫水浴或熱敷幫助肌肉放鬆後再運動，效果更佳。

老人會因為失智、失能等狀況，需要協助進行被動運動，臥床者也會因為身體壓力或摩擦造成壓瘡。被動運動會用到一些輔具，最基本的是ㄇ字型助行器，氣墊床、電動床或減壓矽膠床墊或坐墊，都是居家可以考慮的輔具。以下就被動運動的項目、常用居家輔具的使用方法分述之。

壹、被動運動的項目

被動運動包括上關節運動、下肢關節運動、背部按摩、全身按摩、輔具的使用等。要注意案主肌肉柔軟度和僵硬度，不可以硬拉，否則會導致骨折或受傷。手部的動作包括抬高、上移、側移、前移。腳部包括彎曲、伸展、平放、抬高。腳踝關節處可以旋轉運動。背部可以輕揉、推撫、按摩、指壓、拍打。

用輔具行走時，脊椎要打直，腳步要穩，照顧者要在側注意安全，案主隨時會腳軟無力，儘量靠近沙發或有椅子的地方，隨時可以坐下，避免跌倒。以下介紹七種簡易關節運動，包括足踝幫浦運動、下肢滑行運動、股四頭肌等長運動、小腿伸直運動、直腿抬高運動、側肢抬腿運動、坐姿直舉腿運動。

一、足踝幫浦運動

動作：腳踝及腳趾同時用力往上翹，維持2秒鐘，再用力往下壓，停2秒後反覆進行10～25下。

功效：可增進下肢循環，減輕水腫。

二、下肢滑行運動

動作：仰臥在床上，一側之膝蓋來回做彎曲、伸直的動作。

功效：維持下肢關節活動度。

三、股四頭肌等長運動

動作：腳放在病床上，膝下墊一塊毛巾，用力將膝蓋往下壓，可感覺大腿前面肌肉（即股四頭肌）鼓起來，每次停5～6秒鐘。

四、小腿伸直運動

動作：膝下墊枕頭或毛巾，使膝蓋彎曲約30度，再將膝蓋用力伸直，維持5～6秒鐘。

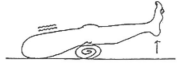

五、直腿抬高運動

動作：仰臥於床，一側膝蓋彎曲，另一側將整個膝蓋打直，再抬高約30度，且腳趾上翹，維持5～6秒鐘。

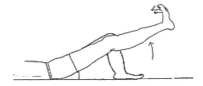

六、側肢抬腿運動

動作：先側躺向健側，並將健側的髖部膝關節略彎曲以保持平衡，把患側腿向上抬高之後，緩緩放下重複做5分鐘。

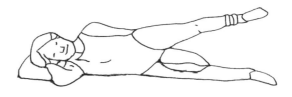

七、坐姿直舉腿運動

動作：於膝下放一小枕頭（可用衣服捲起代替）讓雙膝蓋自然垂下，讓一側小腿向上伸直，再緩緩屈膝，儘量下彎重複做5分鐘。

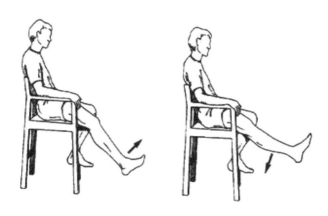

圖片來源：馬偕紀念醫院（2015）。

實務經驗分享

中風病人吞嚥困難的復健，有八種不同的吞嚥動作，案主需像嬰兒般重新學習。吞嚥學習的四個步驟如下：

1. 吸吮手指是最基本的練習方法。
2. 吞嚥時，摸喉結處，有向上提升的動作。
3. 確認吸吮且吞下後，再給下一口練習。
4. 可以用小冰塊練習，或用滴管每次0.5cc.水練習。

貳、常用的居家輔具

輔具為「輔助器具」或「輔助產品」的簡稱。內政部多功能輔具資源整合推廣中心協助經濟部標準檢驗局，將國際輔具分類標準ISO 9999轉譯並審議通過，於民國99年9月30日公告成為中華民國國家標準《CNS 15390身心障礙者輔具——分類與術語》。CNS 15390是以國際健康功能與身心障礙分類系統（International Classification of Functioning, Disability and Health, ICF）之精神為基礎而發展。依據輔具的「主要任務功能」進行輔具分類說明及歸類表，共分為十一大類，分別是個人醫療輔具、技能訓練輔具、矯具與義具、個人照顧與保護輔具、個人行動輔具、居家生活輔具、住家及其他場所之家具與改裝組件、溝通與資訊輔具、物品與裝置處理輔具、工具和機器與環境改善輔具、休閒輔具（衛生福利部社會及家庭署，2015）。

常用居家輔具有ㄇ字型助行器，氣墊床、電動床或減壓矽膠床墊或坐墊等。最常用的居家輔具，簡易的有ㄇ字型助行器，外出通常會使用到輪椅，其使用方法一般在購置時，商家便會清楚說明。在醫療器材行購買輔助器具時，店家都會附上衛署核可證號及字號，供一般大眾查詢及確認其來源及安全性。輔具資訊可以上衛生福利部社會及家庭署多功能輔具資源整合推廣中心網站查詢（http://repat.sfaa.gov.tw/），其中比較受到關注的是新制輔具補助資訊手冊及身心障礙者輔具費用補助進度查詢，對需要輔具者提供補助申請的管道。

另外，在伊甸基金會也有輔具服務中心，提供輔具諮詢、維修和購買服務（http://www.tfk.com.tw/eden/），值得一提的是，伊甸

以無障礙環境的空間設置為主題，努力打造「友善家園」，老舊住宅當年興建之時，並未完善規劃無障礙生活環境，包括自助器具、生活輔具、建築設備、單位空間等，因此老人或身障者在行動及移動上，產生了許多困境與問題。無障礙住宅空間設計規劃及住宅設施設備專業檢驗、發包及修繕，規劃打造適合弱勢者居住之無障礙住宅，使無障礙居住更安全。

　　內政部於民國101年7月10日發布之身心障礙者輔具費用補助基準表，其中將輔具分成十五類，如**表6-1**所示。

表6-1　身心障礙者輔具費用補助基準表

分類序次	輔具分類
一	個人行動輔具 含推車、手（電）動輪椅、輪椅附加功能及配件、電動代步車、擺位系統、特製汽機車改裝、步行、移位輔具、視障用白手杖
二	溝通及資訊輔具──視覺相關輔具 含收錄音機或隨身聽、點字手錶、語音報時器、特製眼鏡、包覆式濾光眼鏡、手持望遠鏡、放大鏡、點字板、點字機、點字觸摸顯示器、擴視機、螢幕報讀軟體、視訊放大軟體、語音手機
三	溝通及資訊輔具──聽覺相關輔具 含傳真機、行動電話機、影像電話機、助聽器
四	溝通及資訊輔具──警示、指示及信號輔具 含電話擴音器、電話閃光震動器、門鈴閃光器、無線震動警示器、火警閃光警示器、個人衛星定位器
五	溝通及資訊輔具──發聲輔具 含人工講話器
六	溝通及資訊輔具──面對面溝通輔具 含圖卡兌換溝通系統、低（高）階固定版面型語音溝通器、具掃描功能固定版面型語音溝通器、語音溝通軟體、動態版面型語音溝通器
七	溝通及資訊輔具──電腦輔具 含網路攝影機、滑鼠或鍵盤介面、吹吸嘴控滑鼠、紅外線貼片感應滑鼠、眼控滑鼠、溝通或電腦輔具用支撐固定器

（續）表6-1　身心障礙者輔具費用補助基準表

分類序次	輔具分類
八	身體、生理及生化試驗設備及材料 含語音血壓計
九	身體、肌力及平衡訓練輔具 含站立架、傾斜床
十	預防壓瘡輔具 含減壓座墊各款、氣墊床
十一	住家及其他場所之家具及改裝組件 含居家用照顧床、擺位椅、升降桌、爬梯機、居家無障礙設施
十二	個人照顧及保護輔具 含淋浴椅（床）、特殊簡易洗（浴）槽、頭護具、馬桶增高器、便盆椅或沐浴椅、語音體溫計、語音體重計、衣著用輔具
十三	居家生活輔具 含飲食用輔具、居家用生活輔具
十四	矯具及義具 含義肢及矯具各款、美觀義肢各款、量身訂製之特製鞋、透明壓力面膜、假髮、義眼、義鼻、義耳、義顎、混和義臉
十五	其他 含人工電子耳、人工電子耳語言處理設備更新

資料來源：衛生福利部社會及家庭署輔具資源入口網，http://repat.sfaa.gov.tw/05welfare/wel_a_list.asp

第三節　褥瘡處理原則

壓瘡（pressure sore），或稱為褥瘡。是皮膚及皮下組織之骨突處長時間壓迫，造成血液循環不良，初期會產生紅腫或發黑，嚴重時會破皮出血，甚至傷口潰爛深可見骨。瞭解褥瘡產生的原因，才能做到預防的功效。

壹、褥瘡產生的原因

臥床者會因為身體壓力或摩擦，造成發紅情形，漸漸變成水泡、壞死、潰瘍而產生褥瘡。臥床病人比較容易有壓瘡症狀的產生。床鋪的平整度、減壓枕的使用、皮膚的舒適度及室內通風程度，都會直接或間接影響到案主。Bridel-Nixon於1997的研究發現，壓力強度（intensity）、受壓時間（duration）及組織耐受力（tolerance）都是形成壓瘡的原因。不動（immobility）、活動力及感官功能失常的個案因無法緩解壓力，也容易造成組織缺血與壞死。壓瘡的預防方法包括：

1.皮膚檢查。

2.皮膚的清潔與保濕。

3.骨突出禁止按摩。

4.適當的翻身與擺位。

5.減壓器的使用。

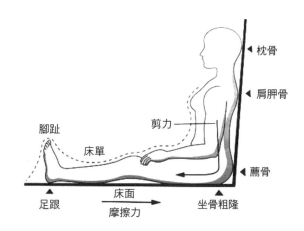

▲表壓力點

資料來源：林月春等（2012）。

137

6.避免潮濕。

7.預防摩擦力及剪力。

8.營養狀況的評估。（林月春、陳筱瑀、曾建寧、葉純妤、陳美香、劉紋妙、陳妙言等，2012）

貳、褥瘡傷口的照顧方法

早期臥床案主產生褥瘡時，會用傷口處理的方式照料，有些會貼人工皮，傷口比較嚴重潰爛者，則需要住院做進一步的清瘡處理。近年來居家護理遇到有褥瘡者愈來愈多，有些照護者會建議擦藥膏並貼上紗布，有些則會使用傷口噴粉加上保護膜噴劑，後者對剛發生的褥瘡傷口的復原幫助佳，但使用時先撒一些在尿片或衛生紙上，用輕沾的方式上粉，否則噴太多時，會形成數顆小團，反而減低復原效果，前者則多使用於傷口已經大於10元硬幣狀況。

 第四節　實務工作示範

壹、基本關節活動

1.走路復健時，右邊為患側時，照顧服務員站右邊（患側），患者站左邊，照顧服務員扶著患者，照顧服務員用其左腳輕推患者右腳，不要太快，千萬不可讓患者跌倒，安全最重要。

2.臥床復健時，照顧服務員將患者的單腳一放一彎，重複數次。

3.再換另一隻腳做同樣的動作。

4.手部則可輕輕抬起，再輕輕放下，動作不能太快，否則患者
容易受傷。

5.碰到長期臥床患者，照顧服務員若能時常輕揉患者肌膚，使
其放鬆，可延緩患者肌肉萎縮。

6.全關節運動之被動運動，剛開始不超過10分鐘，每個關節2
～5次，使用溫水浴或熱敷。

貳、個案運送法──單人搬運法

這是緊急災害時的病人運送法，可以行走的案主可以用扶持步
行或推輪椅或背負運送。體重較輕的案主，可以用雙手抱住搬運。
由於照顧者通常為一人，故最常使用到單人搬運法。當遇到意外發
生在室外、馬路上及浴室等地方，就要移動患者到安全的地方。案
主手臂的握法，是照顧者站在案主後面，環抱案主後，雙手握住案
主右手臂，放在案主腰上腹部，照顧者右腿頂住案主，再移動案主
（黃桂雲譯，1986）。

參、協助輪椅患者上下床

一、下床坐輪椅

1.如果患者有尿袋時，先將尿袋管掛在床杆上，再放下床杆。

2.將輪椅靠在床邊，先固定輪椅，照顧者先將案主扶正坐起在
床緣，問案主是否會頭暈，若頭暈就先不要下床，若不會
暈，則坐一下後就可以下床。

3.照顧者右腳置於患者兩腳中間,並用雙手提住患者背部褲緣。

4.再將患者雙手置於照顧者肩上,照顧者雙手扣緊環抱住患者。

5.照顧者微微轉動雙手及腳,輕輕將案主扶坐至輪椅上。

6.照顧者的膝或腿,一定要觸碰到輪椅座,一隻手支撐住患者,另一隻手則扶住輪椅背,並隨時注意保護患者頭部不會因為後仰,碰到東西而受傷。

7.案主坐下後,再將輪椅腳板墊放下,將患者雙腳置於腳板上。

8.可以用專用倒三角約束腰帶固定,避免因打瞌睡跌出輪椅。

9.放一個枕頭在腿上,雙手放置在枕頭上。

10.若有鼻胃管且需要約束,就要先戴上約束手套,必要時綁上約束帶。

11.將固定夾上推,就可以推患者去客廳看電視或出去郊外走走。

實務經驗分享

這位案主80多歲,因右手右腳中風,需要服務員的照顧,但是在醫院裡,每天醫生安排的職能治療、物理治療和吞嚥訓練,她從來沒有說不去,反而是服務員看阿嬤手痛,請護理師幫她請假,讓她好好休息。她的右手漸漸地有知覺,也會動,大家都替她高興,服務員每天告訴她,阿嬤她的姓名,阿嬤也漸漸記得自己和家人的名字,她的努力和堅持,鼓勵很多阿公、阿嬤堅持做復健。

二、扶患者上床休息

1.輪椅靠在床邊，固定輪椅，照顧者右腳置於患者雙腳中間，並用雙手提至患者背部褲緣上。

2.將患者雙手置於照顧服務員肩上，照顧者雙手扣緊環抱住案主。

3.案主坐在床上後，照顧者需用單手保護患者頭部。

4.將手放在案主頭的後面，使患者頭部不至於撞到床欄，躺下。

5.再將患者雙腳抱上床，抱時，照顧者左手托住案主雙腳。

6.照顧服務員一手放在患者頸後，一手托住患者膝下方，向上移動至適當位置。拖住案主脖子下方，旋放案主平躺，再移動至適當位置。

7.讓患者側身臥床休息，蓋上被子，背部墊枕頭，以通風式蓋被法為宜。

肆、翻身及拍背

翻身拍背的要訣是2小時翻身拍背一次，完成後背後墊一個枕頭，雙腳間可再夾一個枕頭，如此又透氣，又可以幫助患者放鬆，還有避免腳間摩擦造成傷口。翻身前，先準備好要更換的床單、枕頭套等，先將床頭搖低至平，拍背時，雙手手心內彎成弓字形，從背部中間開始，由下往上輕輕拍打患者背部約一百下，除了可讓悶熱的背部散熱之外，特別是肺部有痰者，拍背有助於咳出痰。如果發現屁股兩側骨頭處皮膚有發黑現象，建議改成1小時翻身一次，可避免皮膚破皮，進而造成潰爛，導致褥瘡。除此之外，蓋被時，

靠近包尿片的地方，儘量讓此處通風，避免流汗造成的皮膚不適
（**表6-1**）。

表6-1　翻身拍背

No.	示範步驟	示範圖片	動作說明
1	拍背		• 手呈現弓字型 • 拍背中間線至頸下 • 可以數一百下 • 或拍數分鐘 • 可以協助咳出痰

伍、背部按摩法

　　按摩是按摩師的工作，為了保障身心障礙者有就業服務的權利，所以即使美容美體師在做經絡按摩時，所做的按摩法，也跟傳統穴道按摩不同。這裡所說的背部按摩法，是專門指照顧服務中為案主翻身拍背後隨手在背上做緩和背部不適的動作，或背部因臥床產生搔癢感。

　　背部叩擊須避開胸骨、脊椎骨、乳房及胸部，手成杯狀或用塑膠拍痰器，由肺的下葉慢慢向上拍，同一位置至少拍3～5分鐘，叩擊前配合蒸氣化痰，叩擊後可以幫助痰液鬆動。拍時可以放毛巾或衣服減輕拍打的壓力。

陸、約束照顧

　　約束是因為案主因意識不清或不注意時，會將身上必要的管路鬆脫，導致必須再重新插管的問題，特別是鼻胃管病人，如果一手是有知覺且會移動的，就有可能發生鼻胃管脫出的問題。約束必須經過家屬同意，簽立約束同意書，若在居家臨時找不到制式表格，可以簡單寫一份同意書，再補上約束同意書。

　　約束需要準備約束手套和約束帶，建議戴上約束手套後，以約束帶固定在床側短欄約束帶的固定點。案主有時即使約束，也會移動頭部去就手，然後拔掉鼻胃管，因此約束帶的約綁距離，要以案主可以運動但是不會拔掉鼻胃管的距離。一般建議是約綁固定處到鼻子的距離的中間點，是手可以移動的最遠距離。若鼻胃管仍被拉出，一定要立刻聯絡居家護理人員到府重插，或送急診重插，千萬不可自行將鼻胃管推回鼻內。

參考文獻

王淨總校閱（2011）。《老人護理學》。新北市：高立。

台灣癌症基金會（2015）。〈規律運動〉。財團法人台灣癌症基金會網
　　站http://www.canceraway.org.tw/pagelist.asp?keyid=51

林月春、陳筱瑀、曾建寧、葉純妤、陳美香、劉紋妙、陳妙言、戴
　　金英、鄧慶華、劉秀雯、陳坤鍾、王淳厚、黃邦榮、甘蜀美等
　　（2012）。《復健護理學》。台北市：永大。

林王美園（2005）。《照顧服務員實用工作指南》。台北市：華杏。

馬偕紀念醫院（2015）。〈人工膝關節置換術之復健〉。馬偕紀念醫院
　　網站http://www.mmh.org.tw/taitam/rehea/Education/%E4%BA%BA%E
　　5%B7%A5%E8%86%9D%E9%97%9C%E7%AF%80%E7%BD%AE%
　　E6%8F%9B%E8%A1%93%E4%B9%8B%E5%BE%A9%E5%81%A5(
　　new).pdf

張文欽、林秀慧（2013）。《老人照顧概論》（第八章活動與運動）。
　　台中市：華格那企業。

許樹淵、崔凌震（2010）。《銀髮族體育運動保健》。台北市：師大書
　　苑。

黃桂雲譯（1986）。《簡易急救安全手冊》。台南市：大眾書局。

詹玲譯（2010）。Gustau Raluy著。《健康生活體適能》。台北市：合
　　記。

衛生福利部社會及家庭署（2015）。〈認識CNS 15390〉。衛生福利部
　　社會及家庭署網站http://repat.sfaa.gov.tw/cns/inside_01.asp

蕭雲菁譯（2008）。坪田一男著（2007）。《不老生活》。台北市：三
　　采文化。

蕭雲菁譯（2010）。石原結實、安保徹著（2008）。《遠離疾病的生活
　　常識》。台北市：晨星。

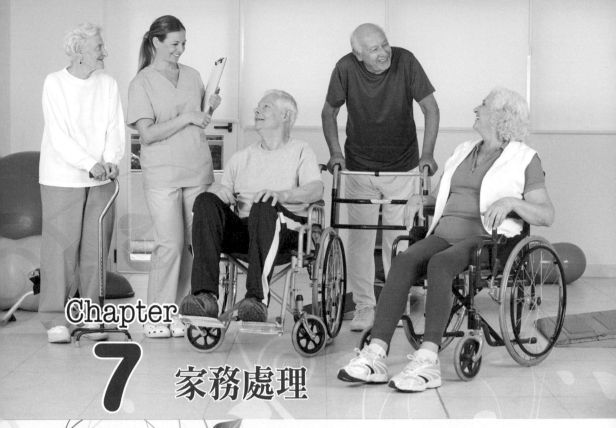

Chapter

7 家務處理

1.家務處理的基本原則
2.家務處理工作內容及準則

　　家務處理是指照顧服務中屬於家事服務的部分。過去看護照顧的工作，主要以協助失能者或身心障礙者的照顧服務為主，家務服務都以被照顧者為主。近年來因引進外籍看護工，加上老人跌倒率及失智症患者增加，陪伴服務兼家事服務的個案越來越多。

 ## 第一節　家務處理的基本原則

　　家務處理的基本原則，包括在工作前，以「需求評估表」填寫確認工作範圍、工作時間和內容與居家環境清潔的工作工具。下列以協助案主處理家務的基本原則和家務處理工作內容及準則兩方面，來看實務工作中如何正確執行。

需求評估表

　　「需求評估表」是針對服務使用者之居家服務，提供給居家督導做需求評估用之表單，內容包括使用者基本資料、服務項目及內容、服務時間、日常生活習慣、居家環境與設備、被照顧者健康狀況及服藥情形。

壹、協助案主處理家務的基本原則

　　由於處理家務的工作場域是在居家，且服務對象是老人或身障者，故清潔工作中及清潔工作後，須注意「預防跌倒」。日本近年來更風行陪伴購物鐘點服務，讓老人即使獨居也可以享有外出安全購物的樂趣。以下就家事清潔和準備餐食之應注意事項，做一概略

說明。

一、家事清潔方面

(一)個人衛生

到居家服務時，除了要穿著工作服或圍裙表現專業之外，也要注意衛生習慣。工作中必要時一定要戴手套，有感冒前兆時也要戴口罩，指甲要修剪，頭髮要繫上髮髻或綁上馬尾，若是有髮網固定會更好。

(二)預防跌倒

止滑墊是必須的，地板上的水漬一定要擦乾，浴室要保持乾燥，室內要保持通風避免地板潮濕，家中電線要收納，拖鞋破損要告知案主是否回收處理。

(三)環境衛生

垃圾須做妥善的分類，特別是在居家，感染性廢棄物要另外處理。沾有排泄物的尿布或紙巾，或吐出的痰液，建議用塑膠袋包住，一方面避免夏天炎熱造成臭味，孳生蚊蠅，一方面也可避免臭味影響鄰居或案主家人。

感染性廢棄物之處理

感染性廢棄物，在居家隔離者，會使用兩個感染性廢棄物紅色袋子，由環保單位協助分類。

(四)省水省電原則

　　家事清潔的工作會用到水電，但是執行工作業務的服務員，也應該在工作中，盡到為案主家省水省電的原則。省水方面，可以將洗菜水來澆花或沖馬桶，馬桶水槽中加入石頭或寶特瓶，可以達到省水功能。省電方面，保持室內光線充足可以減少室內照明燈的使用，開窗使空氣對流可以減少空調或電風扇的使用，可以使用有開關按鈕的延長線插頭，不使用時，可以按關閉，減少待機時家電所耗損的電力。

二、準備餐食方面

(一)個人衛生

　　養成個人良好的衛生習慣是健康促進與疾病預防的先決條件。備餐前一定要清潔洗手，洗菜、切菜及煮菜時，儘量不要談話，或戴口罩，避免口沫飛入菜中，完成工作洗手後，需要備有廚房紙巾擦拭雙手。個人衛生還包括保持雙手的清潔，勤洗手，腳指甲要經常修剪，頭髮經常清洗和保持乾淨，不使用公共毛巾，保持口腔的衛生，養成每天洗澡和更換內衣褲的習慣，穿著衣服要整潔，咳嗽、打噴嚏時，要用手帕掩住口鼻，吐痰應吐在衛生紙上，再包好丟入垃圾桶，然後要洗手，可以帶乾洗手液。

(二)飲食營養及分量

　　飲食營養是家務處理工作中，可以展現專業跟幫助案主健康的重要工作之一。服務員須具備營養學基本知識（參考本書第五章），除了可以將營養專業知識結合廚藝，也可以依照案主疾病，設計不同的餐食菜單。備餐的部分，因為涉及用餐人數多寡，對購買食材的家人或服務員而言，須瞭解當天用餐人數，家中平常菜

色，案主飲食習慣及咀嚼狀況，適當的準備適合案主或家人的餐食，是專業能力的展現。

(三)工作環境安全

專心工作注意爐火安全，瓦斯不用時，可以啟動安全裝置。剛進入案主家服務時，通常居家環境都需要服務員整理，案主家中若有寵物，也會掉毛或有蝨子，宜在備餐前處理地板上毛屑，建議先用吸附性較好的乾抹布擦拭，再掃地、擦地。電器類用品在使用前，先詢問案主家人使用方法，並做使用方法之記錄，同時應注意電源插座及插頭是否符合使用安全。使用節電方式來處理家務，並適時教導案主家節能減碳知識，做到環境保護人人有責的宣導與執行。

(四)環保清潔劑

清潔劑建議選擇對環境沒有傷害的為宜，坊間也有許多天然自製DIY清潔劑，也可以作為環保清潔劑使用。製作柑橘清潔劑十分簡易，將橘子皮保存起來放在冰箱，不可以沾到水，拿家裡的白醋就可以DIY。水和蘇打粉的比例大約200：1，可以拿來擦拭比較油膩的排油煙機或是瓦斯爐。橘子皮或柳丁皮加水覆蓋，大火煮沸約5分鐘後，轉小火續煮15分鐘，煮沸後再加醋，水醋比大約100：1，就可以拿來擦桌子、地板（孫珮淳，2014）。

(五)食品衛生與安全

砧板應分為生食與熟食，注意食品是否過期，買菜時注意蔬果來源地，以當地當季之生鮮食材為宜。處理食物的地方，應隨時保持乾淨，避免細菌之孳生。手部化膿的傷口不可碰觸食物，須戴手套處理食材。

實務經驗分享

省電的方法有很多，包括有液晶顯示的電器，不使用時電源要關閉，使用省電開關，熱水瓶煮水後，若不需要熱水，則將水倒出後關閉電源。冷氣保持到室溫25～26度左右。省水的方法包括淋浴替代泡澡，將洗澡用過的水來清洗浴室，洗菜水做適度的利用，可沖馬桶、澆花等。

貳、處理家務的範圍

家務處理包括家事清潔和準備餐食，有時還會包含代購日用品等服務。家事處理的範圍，以室內清潔重點來看，包括摺疊衣服以及廚房、浴室、臥房、客廳、廁所、門窗等清潔範圍。

 第二節　家務處理工作內容及準則

家事服務業務的執行，首先需瞭解家事服務的工作內容和家事服務業之專業倫理。

壹、家事服務的工作內容

家事服務的工作內容，包括清潔與備餐之外，清潔劑原理與工具認識和使用、快速整理房子的清潔流程、居家收納與擺設技巧、衣物管理與清潔，都是其中細項工作。

一、當日工作流程

　　工作第一天，進到案主家中，自我介紹和認識環境是必須的。服務員應避免帶太多個人物品到案主家中。工作第一天初次見面，建議將包包打開給案主看一下，下班結束工作回家前，打開給案主看一下，此舉有助於增進彼此的互信及互動。工作中避免使用手機或電腦，準備調理食物及進行家務處理工作，鼓勵案主自己主動運動，工作後清洗雙手，適度的找時間休息。

二、代購食材

　　代購食材是一門學問，從認識產銷履歷制度，可以讓從農場到餐桌的食品安全管理系統，引導購買時的選購方向。台灣針對農產品採取產銷履歷制度，並由農委會建置「台灣農產品安全追溯資訊網TAFT」，對於加工食品，食品藥物管理署也建置了「加工食品追溯網TFTS」，提供消費大眾查詢其認證。有機蔬菜則有經過有機農業認證過的，比較有保障，有機農業農產品，對環境的破壞相對較少，若能在選購時多收集一些資訊，也可以在專業上有加分的效果。

三、備餐服務

　　農產品上多少會有化學農藥殘留，徹底清洗、刷洗果皮、稍加浸泡、生食與熟食分開。注意食品安全與衛生、冷凍食品的處理時間、剩菜處理與加熱、食物的保存方式、用餐份數的計算、農產品的產地來源研究、海鮮的來源與保存、六大營養素的配餐方式等。建議不要使用食品添加物，某些食品添加物會造成身體的負擔，進而產生病症。

四、整理清潔

　　每日掃地、拖地或擦地、擦拭客廳桌面、維持浴室整潔、更換臥房床單、備餐後廚房整理、垃圾分類與回收是最基本的工作之外，隔三天會沖洗陽台或紗窗灰塵，若有花園陽台或寵物飼養的家庭，服務上會花更多的時間在澆水修剪及寵物周圍環境整理。

實務經驗分享

整理清潔除了用心，專業之外，在丟棄垃圾時，要注意的細節包括，整理好的垃圾先請案主或家屬看過，確認是可以丟棄或回收的，才執行丟棄或回收的清潔工作。實務案例中，一位服務員，看到鞋櫃的鞋盒又舊又髒，就整理丟棄，家屬卻認為服務員偷舊鞋盒，後來經溝通才澄清誤會，但是卻因為此問題，造成雙方因不信任導致服務的中止。

五、日用品的選擇與使用

　　有害物質入侵人體途徑分別為食入、吸入及接觸。經血液分布至全身之後，可分解的情況包括皮膚的汗液、肺的呼氣、腎的尿液、消化道的糞便排出體外。不可分解的情況就無法排出體外，累積過量將出現病症，包括肺石棉累積在肺泡、重金屬累積在肝腎和干擾內分泌。如何避開有害物質除了認識有害物質，詳閱商品標示之外，還要正確使用，修正不當使用方法，定期接收新資訊，以及瞭解中毒徵兆及急救方法。有機溶劑會對身體造成傷害，例如新衣有甲醛要洗後再穿，乾洗店拿回來的衣服有四氯乙烯，不可直接穿上或放在密閉衣櫃，要放在通風處多天後再穿（陳怡儒等，2011）。

六、塑膠容器的選擇

塑膠容器的選擇十分重要，特別是盛裝熱食及微波加熱時，需要特別注意，哪一種材質的選擇是對身體沒有危害的。**表7-1**顯示常用塑膠容器。

表7-1　常用塑膠容器

編號	英文	日用品	耐熱度	用法
一號	PET	寶特瓶	40～70度	不可光照高溫
二號	HDPE	塑膠袋	60～120度	不可高溫熱食
三號	PVC	保鮮膜	60～70度	不可高溫熱食
四號	LDPE	牙膏乳液	60～80度	不常接觸食物、風險小
五號	PP	保鮮盒	120～135度	唯一可微波塑膠容器
六號	PS	保麗龍碗	70～90度	不可高溫熱食
七號	PC	奶瓶	120～135度	不可高溫熱食

資料來源：整理自陳怡儒等（2011）。

七、塑膠日用品的選擇

塑膠日用品的選擇亦十分重要，當代購食材及備餐時，都會用到，如何注意使用，可以避免身體肝腎等器官造成傷害。以下**表7-2**說明塑膠用品對身體的危害。

八、預防食品中毒

食物中毒係指因攝食汙染有細菌、毒素或化學物質的食物引起的疾病，症狀以消化系統及神經系統障礙為主，尤以急性胃腸炎症狀，如嘔吐、腹瀉、腹痛等最常見。細菌性食品中毒分為三型，感染型、毒素型和中間型。預防食品中毒有七個要項，原料採購、原

表7-2　塑膠用品的危害

No.	塑膠用品	危害
1	吸管	喝熱飲可溶出鄰苯二甲酸酯類及鉛
2	保麗龍碗	盛熱食會釋出苯乙烯
3	免洗塑膠杯	塑膠杯封口膜有油墨或色素，對人體有害
4	塑膠杯蓋	避免用到杯蓋或建議選擇PP材質杯蓋
5	微波保鮮盒	標示120度的可以微波
6	隨身杯	不可盛熱食，光照會釋出致癌雙酚A
7	塑膠水壺	不要購買沒有標示的水壺，會釋出致癌雙酚A
8	寶特瓶	不可盛酒精或酸性飲料，不重複使用
9	塑膠袋	不可包高溫熱食
10	塑膠水桶	加熱水會釋出致癌雙酚A
11	保鮮膜 PMP耐熱180度	PE和OP材質，不可加熱食物但可直接接觸食材 PVC不可加熱食物，加熱會溶出有害物質 與高油脂食物接觸會溶出鄰苯二甲酸酯類

資料來源：整理自陳怡儒等（2011）。

料儲存、前處理、烹調、熟食處理、剩餘食品及烹調人員健康。預防食品中毒之原則是迅速清潔、加熱或冷藏。買冷藏食品到家後應立即冷凍，冷凍庫溫度維持在-18℃以下，冷藏庫溫度維持在7℃以下。生鮮食品須裝在塑膠袋或容器內貯存。加熱食品要加熱煮熟，食品中心溫度需達75℃以上，且至少煮一分鐘以上。不要將熟食置於室溫半小時以上。食物應完全煮熟，尤其肉類不要吃半熟的。廚房牆壁及地面要保持清潔，排水系統要暢通且沒有臭味，可以放置紗網帶或塑膠網盤，可以阻隔物品阻塞水道。

九、儲藏室管理原則

架子底層要跟地面有距離，避免受潮，減緩物品氧化。物品存放時應排列整齊不可過擠，避免放置過高導致物品掉落傷人。

十、防治病媒蚊孳生

病媒蚊是指會汙染食品或媒介病原體的小動物或昆蟲。家中會產生病媒蚊的地方，主要是花盤和排水道，因此避免孑孓孳生，才能預防登革熱等病媒蚊孳生所造成的環境危害。104年高雄學生實驗發現，花盤中放置一元硬幣數枚，可以減少病媒蚊孳生，有效做到環境衛生。

貳、家事服務的專業倫理

服務員一旦進到案主家中，就需要注意自身的專業倫理。誠實面對工作中的每一項代買項目支出明細的撰寫、不貪小便宜使用他人的物品、不跟案主或案主家人要紅包、即使案主或其家人不在現場監督工作進度，也要按部就班完成應完成的工作任務。

幫助案主代買物品，或有寄放花費零用金時，一定要確實做帳，並每日與案主家人核銷當日帳款。不代購酒類或不明物品，除了買菜有時沒辦法拿到收據之外，其他物品購買時，一定要拿收據或發票。

若案主有要求代領金錢或協辦補助申請的狀況時，第一時間一定要告知督導或單位主管，然後告知案主家人，若案主獨居，也可以通知親戚或緊急聯絡人來處理，儘量不要涉及金錢往來或礙於同情，同時不要同意將案主身分證等證明文件放在服務員處，避免日後造成不必要的誤會。

新進人員需要做健康管理，身體健康檢查以確認沒有傳染病或B型肝炎帶原且會傳染他人者，處理熟食時須用乾淨的夾子或其他的用具，不可用將試喝的湯匙繼續煮食。不可在工作場所吸菸、飲

食、嚼檳榔。

 第三節　實務工作示範

　　家事服務中之工具十分重要，需求評估表中列出抹布、掃把、拖把、洗衣機等，都是必備的清潔工具，清潔用品則盡可能使用對地球環境及人類生活不傷害的用品為宜。以下列出家事服務工具、整燙衣服工具與家事服務項目，供實務工作者參考。

壹、家事服務工具

　　家事清潔服務工具包括：

　　1.萬用清潔劑。

　　2.水垢鏽斑清潔劑。

　　3.環保廚房清潔劑。

　　4.環保浴廁清潔劑。

　　5.清潔垃圾袋。

　　6.口罩、手套、圍裙。

　　7.菜瓜布及海綿。

　　8.伸縮桿。

　　9.拖把。

　　10.纖維布。

　　11.玻璃刮刀。

　　12.水桶、水管。

　　13.牙刷、牙膏。

14.濕紙巾及紙巾。

15.整燙衣物之用具，包括燙斗、燙馬、墊布、噴水器。

貳、家事服務項目

一、清潔原理與使用方法

清潔劑的種類很多，但去汙的原理相同。一端稱為親油端，另一端稱為親水端，當清潔劑溶於水時，衣物上的油汙被親油性的一端吸著，再由親水性的一端牽入水中，使油汙與衣物分離。近年來化學合成的清潔劑，轉而被重視環保的消費者以環保不傷害人體的清潔劑取代。除了環保之外，水資源的再利用也是十分受重視，包括使用洗米水清潔，用洗菜水沖馬桶，製作雨撲滿（下雨時用水桶或容器盛裝雨水），利用果皮製作天然清潔劑也是現代人喜歡的環保清潔方式。

二、快速居家收納與擺設技巧

(一)快速打掃房子的方法

儘量使用纖維布綁在掃把上再掃一次，可以避免灰塵飄在空氣中，再用拖把或抹布擦拭地板。可以利用一些可再次使用的沾黏刷，來去除灰塵及掉落在地上的頭髮。

(二)居家收納與擺設技巧

將衣服及物品放入收納櫃，可以避免灰塵，在清潔的時候也比較容易。貴重的裝飾物容易打破，也應放置在安全處。高處儘量不要放置重物或易碎物品，避免因震動或天災造成的傷害。

(三)摺衣法

先將雙袖摺入，再將兩側邊向內摺並對齊，再將衣尾向上摺至肩膀處即可。比較不常穿的衣服，可以用收納袋收起。

(四)摺棉被技巧

摺成豆腐型，摺完之後把棉被的四個角拉一拉。

(五)整理床單

床單的部分，就先把四個角鋪平，再拉一拉。

摺被子的方法

三、清潔方法

(一)客廳的收納與清潔

客廳是案主出入處，應保持乾淨。桌面應隨時清理，地板上不可以有水漬，避免滑倒。障礙物要移開，避免案主出入碰撞。拖地要由外而內擦拭，呈8字型。調和洗碗精跟白醋，再準備好海綿、棉花棒、抹布及廚房紙巾，就可以把窗戶跟凹槽清乾淨。

(二)廚房清潔

冰箱要無異味，桌面保持乾淨，垃圾桶要加蓋子，砧板要保持

乾淨。鍋子要擦乾，電鍋裡有水，容易生黴菌，要每日清洗擦乾。刀具要保持乾燥，放在通風且安全的地方。牙膏和牙刷也是很實用的環保清潔工具。

(三)浴廁清潔

浴室是最容易孳生黴菌的地方，所以浴室清潔也是十分重要。除了除汙和刷洗之外，浴室內的毛巾，要每日清洗更換，大浴巾更是要常在日光下曝曬通風晾乾。牙刷每月換新的，保持口腔清潔。海綿類的洗滌用品，也是容易孳生細菌，所以要保持乾燥，定期更換。出水口處要使用隔網，避免頭髮等異物掉入，阻塞水道。浴室要保持通風，浴室地板要保持乾燥。

(四)臥房清潔

房間主要是床鋪的整理及清潔床單更換。容易出油的案主，枕頭上可以鋪放一條較軟的毛巾，每日更換。整理寢室的技巧就是每日保持清潔，不將物品放置在床上，要物歸原位。

四、垃圾分類與資源回收

垃圾分三類，一般垃圾、資源垃圾和廚餘。

(一)一般垃圾

一般廢棄物，例如紙尿布、衛生紙、地毯、抹布等。

(二)資源垃圾

將各類資源垃圾裝成一袋，交由清潔隊之資源回收車回收，但下列特定項目則需分別單獨一包回收。

1.乾電池。

2.燈管，回收前應包妥，以免打破。

3.塑膠袋。

4.包裝用保麗龍。

5.貼身衣物除外之舊衣服。

(三)廚餘

廚餘處理一般可回收廚餘主要分類為：生廚餘（堆肥廚餘）、熟廚餘（養豬廚餘）。

五、衣物清潔整燙與保存

(一)衣物管理與清潔

1.衣物有分成手洗和洗衣機洗滌。手洗通常用冷洗精浸泡，通常用於貼身衣物或羊毛等易縮水製品。洗衣機洗滌則較簡單，現代化自動洗衣機都已經設定好，洗好後曬乾或烘乾再收納。

2.待洗衣物收集完畢之後，可根據洗滌方式，顏色分類，髒汙程度，棉絮、抽絲或撕裂狀況產生，安全考量五個規則加以分類。

3.曬衣服要避免直射陽光，化纖衣服採自然脫水陰乾曬乾法。

4.若有因從機構回家發現的疥瘡狀況，除了案主要立刻就醫，家人及照顧服務員也要就醫，全家的衣物及物品，都要消毒。被子及衣物要用大塑膠袋包住，隔悶衣物、被子一個月，再曝曬在大太陽下數次。可以清洗的衣物，先用熱水高溫煮過或燙過，再多清洗幾次，至大太陽下曬乾。

(二)整燙衣物

　　整燙衣物對服務員來說比較困難，一般都是送至乾洗店處理，惟取回時，儘量放在通風處，讓乾洗劑揮發後再穿。整燙衣物需注意安全，電熨斗或蒸氣都是造成職業災害的原因，故案主若有整燙衣物需求時，接案單位應按服務員的專業能力，增減此項服務。

六、膳食製作

(一)食材選購、食品的收納與保存

　　食材的選購，除了當地當季不吃進口食物之外，食材的碳排放比過高的，也儘量不選擇食用。冰箱是最好的保存櫃，但是購買時，儘量是當天可以食用完為宜。米的保存很重要，潮濕或沒有蓋子，都會發霉或長米蟲，有礙健康。已經長芽或腐爛的食材，就要避免食用。用保鮮盒保存是好方法，但是食材新鮮不久放，才是正確的存放方式。

(二)廚房器具清洗

　　清洗砧板要用鹽巴刷洗法，然後再用冷水沖乾淨，最後再放在陽光下曝曬，這樣才可以達到徹底殺菌的效果。廚房沾油牆壁沾白醋擦拭，就可以達到清潔的效果。抽油煙機可以鋼絲刷沾滿肥皂水，再沾一些麵粉來擦洗抽油煙機，十分環保。

(三)菜單規劃、健康飲食料理

　　菜單規劃很重要，不論是在家吃或外食，都容易因不節制而過量食用而導致肥胖。建議在前一天，規劃隔天菜單，計算當天總熱量，讓營養均衡，才是最佳健康飲食料理。

參、需求評估表之家事服務規範

　　「需求評估表」裡的生活型照顧服務，包括了家務（環境）協助，其中又細分為洗衣、客廳打掃、浴室清潔、地板清潔、寢室清潔。洗衣有分洗衣機清洗並晾乾、送洗、手洗，有時客戶會要求燙衣服，一般的家事服務員，工作內容僅以洗衣、晾乾及內衣物手洗為主，若是任聘為專門管家職務，則包括燙衣服等專業服務項目。客廳打掃及寢室清潔在照顧服務裡，主要以案主活動的範圍為主。浴室清潔多在案主沐浴後，將地板擦乾，將用品歸位。地板清潔有分為磁磚和木板，清潔的方式，依照案主家實際有的清潔工具及考量案主家原有的清潔方式作業。至於門窗擦拭及廚房清潔亦包括在服務中，門窗擦拭需考量安全問題，不可以要求爬出窗外，廚房清潔主要以備餐後油汙、水漬擦拭及整理為主。

參考文獻

孫珮淳（2014）。〈柑橘清潔劑DIY好簡單〉。財團法人主婦聯盟環境
　　保護基金會網站http://www.huf.org.tw/essay/content/2180
陳怡儒等（2011）。《日用品安全全書》。台北：易博士文化。

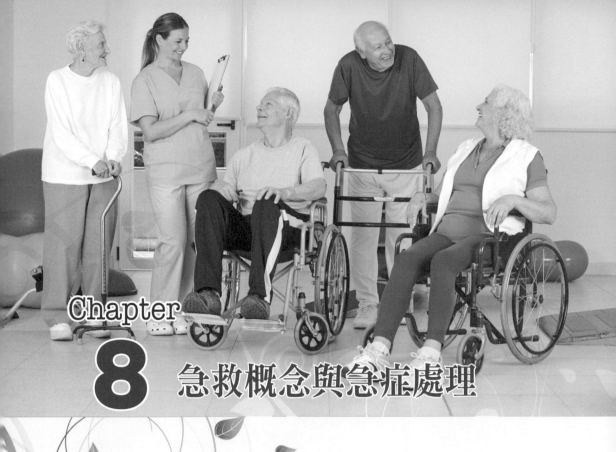

Chapter

8 急救概念與急症處理

學習重點

1. 異物梗塞的處理
2. 心肺復甦術
3. 肌肉骨骼系統意外之處理
4. 出血意外之處理

老人居家健康照顧手冊

　　急救與急症處理，往往在意想不到的時間及地點發生，打119求救固然重要，但是在救護抵達之前，急救可防止二次傷害及病情惡化及緩和病人痛苦。學習正確的急救技術與急症知識，可以讓我們在遇到緊急事件時，能不慌忙且即時的提供急救處置（黃桂雲譯，1986）。早期發現病人的病況改變，及早採取行動，預防重要器官受損，是非常重要的。各種生理指標逐漸變差卻不能及時發現，就可能導致併發症，甚至死亡。如何辨識及發現急症，只要簡單一句「你還好嗎？」，就可以評估急症病人意識狀況（楊振亞、王詩晴譯，2013）。

　　急救知識的重要性，只有在意外產生時才會用得上，但是平日應具備急救的知識，便能在緊急救援的黃金第一時間，救回一條寶貴的性命，減少案主的疼痛與不適。台灣於2006年，參考加拿大CTAS檢傷分類系統之架構，對急診檢傷與急迫度有做TTAS分級量表，TTAS可以再次評估時間，例如非緊急狀況，每120分鐘評估一次（行政院衛生署，2015），在居家照顧時除了基本生命徵象測量，疾病徵狀的辨別之外，可以此來作為居家照顧時急症評估間隔時間之依據。本章茲就異物梗塞的處理、心肺復甦術、肌肉骨骼系統意外之處理及出血意外之處理分述之。

第一節　異物梗塞的處理

　　任何人都會面臨死亡，許多意外事件都會面臨急救或急症處理的狀況，老人在飲食中產生異物梗塞的狀況，比起其他年齡層的人要高出許多。老人因餐食中之地瓜、饅頭、湯圓等看似軟嫩的食物，卻是最容易造成梗塞的狀況。以下說明急救的定義、原則，以及瞭解異物梗塞的處理方法。

壹、急救的定義、原則與注意事項

　　急救的定義，是當意外傷害或緊急病症產生時，案主尚未進行醫療救治之前，給予正確的處理（林秀慧，2013）。急救的目的在掌握黃金時機，防止傷勢或病情惡化，協助傷患及早獲得治療，以及協助醫生正確的診斷與治療。急救的原則包括確認傷勢、保持呼吸道暢通、協助擺臥正確姿勢、觀察判讀是否立刻送醫、注意保暖、給予心理支持與鼓勵等（林王美園，2005）。

一、急救病人的觀察

　　意外事故的發生，是造成死亡比率上升的原因之一。老人的意外發生，大多是因跌倒產生，通常會發生在樓梯或浴室，被電線或障礙物絆倒也是時有耳聞。有人受傷或得急症時，需先看看病人的情形，來判斷需做何種急救措施。由**圖8-1**可以瞭解急救病人的看法。

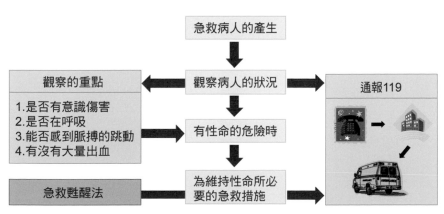

圖8-1　急救病人的看法

資料來源：黃桂雲譯（1986）。

二、意識狀況及肌肉狀況的識別方法

1.請案主眼睛看指引者的手的方向，指引者要往上下及左右移動，看案主是否有反應。

2.請案主緊閉眼睛，再張開眼睛。

3.請案主嘴巴張開，再請案主舌頭伸出來。

4.請案主手提高。

5.請案主用力握手。

6.請案主勾勾手指頭。

7.請案主腳抬高。

三、失智或意識不清的簡易辨別方法

1.問案主100減7等於多少。

2.答對後再問案主，再減7等於多少。

3.答對後再問案主，再減7等於多少。

4.問案主今年是民國幾年。

5.問案主今天是幾月幾日。

6.問案主叫什麼名字。

貳、異物梗塞的處理方法與注意事項

異物梗塞是當呼吸道阻塞，氧氣無法達到肺部，人體組織產生缺氧狀態，嚴重時且會導致窒息。當呼吸道阻塞且病患有意識時，可以視情形先實行腹部擠壓法，再施行胸部擠壓法。異物梗塞可以用哈姆立克法（Heimlich Maneuver），其原理是使橫膈膜突然向上，壓肺部，使阻塞氣管之異物噴出。在丙級考試時，所使用的成

人坐姿腹戳法，其步驟如下（護勝照服輔導工作室，2012）：

1.施救者由案主背後向前方上腹部環抱。

2.施救者手部位置在案主劍突與肚臍中間處。

3.一手握拳拇指頂往上腹部，另一手覆蓋於此拳頭上。

4.瞬間用力，向內往上緊壓數次。

5.反覆實施，直到噎住物噴出。

6.急救後安慰案主，再執行洗手步驟。

 第二節　心肺復甦術

心肺復甦術（Cardio-Pulmonary Resuscitation, CPR）是緊急施行胸外按壓和口對口人工呼吸，維持血液循環功能和提供氧氣，維持生命循環跡象。衛生署於2012年12月16日公告實施新版心肺復甦術，口訣改成是「叫叫CAB」。

壹、心肺復甦術的注意事項

以往所使用的舊式心肺復甦術（CPR）口訣是「叫叫ABC」，步驟為叫醒病人、叫救護車、維持呼吸道暢通、施行人工呼吸、施行心臟按摩。而新式的CPR，將C改成恢復血液循環。

看到急救病人，第一時間要先觀察判斷是否有立即死亡的危險，觀察的重點有意識、呼吸、脈搏和出血狀況。

一、是否有意識障礙？

檢查有無意識障礙的方法，可以從大聲叫喚到確認意識狀況，

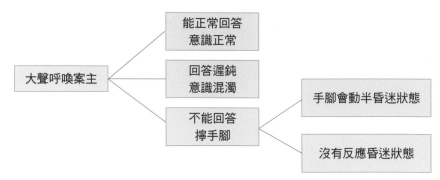

圖8-2　檢查有無意識障礙的方法

資料來源：黃桂雲譯（1986）。

如**圖8-2**所示。

二、是否在呼吸？

如果胸部不動且呼吸停止，同時發現臉色蒼白，嘴脣青紫，就要儘快做人工呼吸。檢查是否在呼吸的方法有三，如下分述：

1.觀察胸部的動靜：檢查胸部是否因呼吸而動。
2.用手或面頰靠近案主：用手靠近案主鼻子檢查是否感覺到呼吸氣息。
3.拿縫衣線靠近嘴鼻：觀察線是否有因呼吸氣息而動。

三、脈搏是否摸得出？

摸脈搏是檢查心臟是否在跳動的方法，如果發現心臟停止跳動，需立即施行心臟按摩。平常就可以摸摸自己和他人的脈搏做練習。檢查脈搏的方法有三，如下分述：

1.在手腕處的脈搏觀察法：查看橈動脈處脈搏是否在動，二指

或三指順著右手手心大拇指處向手腕處滑動，就可以摸到橈動脈處脈搏跳動位置，左邊亦同。

2.在頸部的脈搏觀察法：查看頸動脈處脈搏是否在動，二指或三指順著右臉嘴角向下滑到頸部，就可以摸到頸動脈處脈搏跳動位置，左邊亦同。

3.以耳朵貼近胸前聽心音：把耳朵貼在左胸前，聽看是否心臟在跳動。

四、有沒有大量出血？

檢查有無出血的方法，內出血不容易發現，若出現大量出血，臉色會蒼白，冒冷汗，脈搏微弱或急促，身體無力，眼神呆滯。

貳、學習心肺復甦術的操作步驟

近年來心肺復甦術CPR改稱為基本救命術，口訣是「叫叫CAB」，步驟為叫喚病人、呼叫求救、恢復血液循環、暢通呼吸道、恢復呼吸。以下為最新心肺復甦術之步驟、口訣、方法、做法，如**表8-1**所示。

基本救命術（CPR）總共要做五個循環，再檢查有無恢復呼吸及心跳。若仍無循環現象，則從壓胸（心臟按摩）開始繼續CPR。有脈搏無呼吸時，繼續人工呼吸，每分鐘12次，直到出現呼吸為止。若有恢復呼吸及心跳循環現象，但無意識，則檢查身體並保持擺復甦位置。若有恢復呼吸及心跳循環現象，則檢查身體。無外傷才能擺復甦姿勢，呈側臥，可防吸入性肺炎發生，需每30分鐘換邊擺位。壓胸口訣是一下、二下、三下……。若周遭無人協助，先做五次CPR循環。

表8-1　新式心肺復甦術做法

步驟	口訣	方法	做法
第一步	叫	叫喚病人	拍肩確認有無意識，勿隨意搖動或移動案主。
第二步	叫	呼叫求救	呼叫求他人或自己立刻打119叫救護車。
第三步	C（Compression）	壓胸恢復血液循環	評估循環狀況，是否有呼吸、身體是否會動等，檢查脈搏，做壓胸的心臟按摩，在兩乳頭間手掌根重疊於胸骨上，手指扣住呈翹起狀，按壓5公分深，至少一分鐘100次。以髖關節為支點，手肘關節不彎曲，向下按壓30下。
第四步	A（Airway）	通暢呼吸道	清除口中異物，暢通呼吸道，以壓額抬下巴法，一手壓額頭，另一手食指及中指輕抬下巴使後仰，使頸部伸直。
第五步	B（Breathing）	恢復呼吸	施行人工呼吸，案主頭後仰，以拇指及食指輕捏鼻孔，吸一口氣將口完全罩住案主的口，每次一秒吹2口氣，看胸有無起伏。

 # 第三節　肌肉骨骼系統意外之處理

　　肌肉骨骼系統意外之處理，以下分述肌肉、關節損傷的種類和損傷的處理。

壹、肌肉與關節損傷的種類

　　肌肉、關節損傷的種類，有拉傷、扭傷、挫傷和脫位。骨骼肌肉受傷後，會有紅腫、疼痛、發炎，甚至僵硬的反應。骨折分成閉

鎖性和開放性。老人常見的骨折常會伴隨併發症。

貳、肌肉與關節損傷的處理

老人較易撞傷或扭傷，這種閉鎖性的傷，沒有皮膚外傷或出血，但傷到皮下組織，所以會有腫脹和瘀青。頭部、胸部和腹部的受傷，易產生內出血或內臟受傷，要特別注意身體狀況的變化，隨時測量生命徵象。手腳則容易骨折或扭傷。皮下骨折之緊急處理為冰敷後，加以固定，依照疾病徵象判別是否就醫或送醫。暫不可熱敷或入浴洗澡。

老人頭部容易因跌倒產生撞擊，當狀況發生時，使其躺下，觀察12～24小時。胸部、腹部外傷比較少見，多屬於意外造成，先將衣物放鬆，腳墊高，再持續觀察。四肢撞傷及扭傷最常見。有糖尿病的案主，要注意腳的保暖，剪指甲時要避免剪太短或流血造成傷口，用機器做腳部按摩時避免被夾傷導致傷口產生。老人最常見的是髖關節和膝蓋開刀，術後需要休息，讓傷口復原，營養飲食在傷口復原期間變得十分重要。開放性骨折，骨頭會露出來，送醫前不可動到骨頭。

腳抽筋時，若是在行走中，先踩踏地面，放鬆小腿。若是可以坐下，腳打直，壓腳掌心，按摩放鬆。若有脊椎損傷的疑慮，不可隨意搬動，必須等救護人員到現場持擔架固定後送醫，避免二次受傷。

第四節　出血意外之處理

　　出血有因疾病和意外等因素產生。成人血液量為體重的8％。家中要準備急救箱，必要時，要準備「急難救助包」，在天災或避難時可以隨身攜帶。另外有一種是灼燙傷的處理，急救口訣是「沖、脫、泡、蓋、送」。亦即沖冷水、脫衣服、泡冷水、蓋傷口、送醫院。不要隨意用偏方或牙膏醬油等塗抹，避免感染。若傷到眼睛時，記得先用大量清水由內向外沖洗。

緊急避難包

　　緊急避難包應放置於家中及工作場所隨手可拿到的地方。避難包內的必需品，應隨時檢查更新，至少每半年一次。必需品內容如下：(1)礦泉水；(2)食物（泡麵、餅乾、罐頭、巧克力）；(3)證件影本（如身分證、健保卡等）；(4)若干現金、急救用品、常用藥；(5)粗棉布手套、手電筒、收音機、電池；(6)禦寒衣物、內衣褲、小毛毯；(7)輕便型雨衣、暖暖包、面紙、毛巾；(8)文具用品（筆記本、筆）；(9)備份鑰匙、瑞士刀、哨子；(10)有小孩的家庭應準備：奶粉、紙尿褲、奶瓶。逃生避難時，一定要穿上鞋及戴上安全帽，並記得攜帶緊急避難包（台北市政府消防局，2015）。

壹、認識出血的徵兆

　　出血過多會產生意識不清、休克的狀況，同時要分辨是動脈、靜脈還是微血管出血。大量出血時，應改變病人姿勢，幫助引流，藉由頭低，側臥躺，讓出血側在下方，避免影響健側（楊振亞、王詩晴譯，2013）。出血分成動脈性出血，為鮮紅色，靜脈性出血為暗紅色，毛細血管出血為創傷面出血。要注意是否併發抽筋、手腳麻痺等（黃桂雲譯，1986）。

貳、學習各種止血方法

　　當出血發生時，以抬高患肢止血法先將傷處抬高超過心臟，避免大出血產生的呼吸困難等問題和出血量達15％的休克狀態，以及出血量達30％有生命危險等情形發生。體血液占體重的十三分之一。傷口可以用生理食鹽水沖淨，再以優碘消毒，包上紗布並以膠帶固定。血流超過五分鐘或失血超過250毫升，是嚴重出血的情形，先以無菌敷料或乾淨毛巾以直接加壓止血法做一簡易止血措施，需立刻送醫。前述兩項都無法執行時，可以使用止血點指壓法，例如流鼻血就常以此法止血。前述三種都無法執行時，可以用止血棒以止血帶止血法，但是風險高，執行不慎會使肢體末端組織壞死，注意要30分鐘鬆綁一次。不論是採用何種止血法，都要注意避免傷口感染。

　　傷口需要保護與止血，傷口的紗布依照傷口大小選擇好後，會貼上膠帶，膠帶的方向是由左向右貼，上下及中間各一條，共三條。

1. 傷口的清潔：用生理食鹽水沖洗，不隨意清除刺入之異物，避免增加出血量。

2. 傷口的消毒：以棉棒沾優碘處理，棉棒用後即丟。

3. 傷口的保護：用乾淨的紗布包壓住10～20分鐘，若仍有出血現象，6～8小時要到醫院處理，否則會化膿。

燙傷也會產生各種不同程度的傷口，一度燙傷在表皮，皮膚發紅且刺痛；二度燙傷在真皮，產生水泡、潰爛且劇痛；三度燙傷在皮下組織，皮膚潰爛變白，嚴重時燒成焦炭，治癒後會留下疤痕（黃桂雲譯，1986）。

 ## 第五節　實務工作示範

壹、人工呼吸

健康的人，每分鐘要做12～15次呼吸，每次吸入500ml的空氣，在肺部做氧氣與二氧化碳的空氣交換。嘴對嘴人工呼吸法又稱為呼氣吸入法，病人仰臥，照顧者坐在右臉側旁邊，右手放在脖子下方往上抬，左手壓住額頭，吸入空氣，呼入案主嘴中，連續四次，再確認胸部是否會動，是否有呼吸。患者若有嘔吐的情形，將身體及臉部向側面。

貳、胸外心臟按摩

心臟有向全身輸送血液的功能，當此功能停止，人會面臨死亡。此為非開胸式心臟按摩，此種胸骨壓迫式心臟按摩的做法，是

當患者昏迷且心臟停止時，必須立即施行的。此種心臟按摩必須十分熟練，才能施行正確。不可以對心臟正常跳動者施行。

1.找到壓迫心臟的位置：胸骨下端。

2.決定放手的位置：手掌根部放在胸骨上。

3.兩手的放置方法：另一隻手疊於其上。

4.向垂直方向壓迫：壓迫下3～5公分。

5.放鬆力氣：放鬆時，手不要離開。

參、異物梗塞的處理

哈姆立克法是照顧者以站在案主後面或跪坐在案主後面的姿勢，施行的異物去除法。以站立的姿勢時，腳成弓箭步，前腳放置於案主雙腳間。雙手環抱案主腰部，一手握拳，虎口向內側，放在肚臍上方，另一手握住握拳的手，連續向上、向內頂五次。以坐的姿勢時，跪坐在案主後面，雙手環抱案主腰部，一手握拳，虎口向內側，放在肚臍上方，另一手握住握拳的手，做數次把案主的胸部及腹部瞬間向上勒緊的動作。

除去口腔內異物的方法，分成三種，不論執行哪種方式，都要戴手套，以紗布裹住手指，並避免被患者咬傷。必要時，可以使用壓舌棒協助異物取出。

1.當嘴巴閉著時：以手指交叉法，以手指交叉撐開患者的嘴巴，用指頭取出。

2.有液體在口中時：使患者側躺，照顧者以其膝部撐住患者背部，將嘴往下拉，使液體流出。

3.有固體在口中時：使患者平躺，但臉側向一方，將異物掏
　出。

肆、協助抽痰及抽口水

抽痰及抽口水使用抽痰機器，抽痰屬於侵入性醫療行為，但是有些臥床案主會回居家，此時家屬就需要學習如何抽痰，在必要時協助痰液咳出或抽出。非必要儘量不要抽痰，可以用化痰或拍背、背部扣擊來協助痰的咳出。實務工作上，只要按時翻身拍背，協助患者側身，案主會自己咳出痰液。抽痰的步驟如下：

1.清潔雙手，拭乾。
2.右手戴手套。
3.打開抽痰管包裝，接上抽痰機，右手開開關。
4.左手按住控制孔，一按一放，右手拿抽痰管抽痰。
5.居家時，建議用較軟的抽痰管，案主比較不會受傷。
6.一天清洗一次抽吸瓶。

氣切造口照護、抽痰及引流的相關知識學習，可以參考《好看護的第一本速查手冊》（林秀英、何美娜，2011）。

伍、氧氣機的使用

氧氣機有機構式的也有居家式的，一般來說，血氧濃度低於93～95，建議要使用氧氣機。氧氣一般開到2.5～3，若血氧濃度均達100，表示氧氣可以降到1，再觀察兩天，就可以拿掉不用。化痰

時，要用氧氣面罩，氧氣開到5～6。氧氣的線會壓在臉上，摩擦久了會受傷，若有發紅現象，可以用紗布幫助支撐在線底下。血氧機的操作十分簡單，只要夾住手指，機器會自動測出血氧濃度。

陸、化痰器的使用

化痰器會銜接氧氣使用，蒸氣化痰時，氧氣開至5或6，至少15分鐘，到蒸氣蒸完為止。在拍背或背部扣擊前執行，可以協助鬆動痰液，幫助化痰效果。

柒、熱敷袋的使用

使用熱敷袋在使身體保暖，促進血液循環，減輕腫脹感，熱水袋以乾毛巾包裹使用。

捌、冰寶的使用（冰敷）

冰寶的使用，目的在降低溫度，使血管收縮，並減輕疼痛。老人因跌倒、骨科開刀等原因產生腫脹，需要冰敷。冰敷每天3～4次，每次20分鐘，抬高患肢30分鐘，須高於心臟。下床時要穿彈性襪，減輕不適症狀。腳踝可以做幫浦運動，一天4～6次，每回15～30下。

幫浦運動

　　腳踝及腳趾同時用力往上翹，維持2秒鐘，再用力往下壓，停2秒後反覆進行10～25下。其功效為增進下肢循環，並減輕水腫。

圖片來源：馬偕紀念醫院（2015）。

參考文獻

台北市政府消防局（2015）。〈緊急避難包必需品內容有哪些〉。台北市政府消防局網站http://www.119.gov.taipei/detail.php?type=article&id=12357

行政院衛生署（2015）。〈急診五級檢傷分類標準〉。行政院衛生署網站http://www.health.gov.tw/Portals/0/%E9%86%AB%E8%AD%B7%E7%AE%A1%E7%90%86%E8%99%95/%E6%80%A5%E8%A8%BA%E6%AA%A2%E5%82%B7%E5%88%86%E9%A1%9E.pdf

林王美園（2005）。《照顧服務員實用工作指南》。台北市：華杏。

林秀英、何美娜（2011）。《好看護的第一本速查手冊》。台北市：書泉。

林秀慧（2013）。《老人照顧概論》（第十六章急救及急症處理）。台中市：華格那企業。

馬偕紀念醫院（2015）。〈人工膝關節置換術之復健〉。馬偕紀念醫院網站http://www.mmh.org.tw/taitam/rehea/Education/%E4%BA%BA%E5%B7%A5%E8%86%9D%E9%97%9C%E7%AF%80%E7%BD%AE%E6%8F%9B%E8%A1%93%E4%B9%8B%E5%BE%A9%E5%81%A5(new).pdf

黃桂雲譯（1986）。《簡易急救安全手冊》。台南市：大眾書局。

楊振亞、王詩晴譯（2013）。Richard Leach著。《彩色圖解急重症照護醫學快速學習》。台北市：合記。

護勝照服輔導工作室（2012）。《單一級照顧服務員學術科通關寶典》。新北市：台科大圖書。

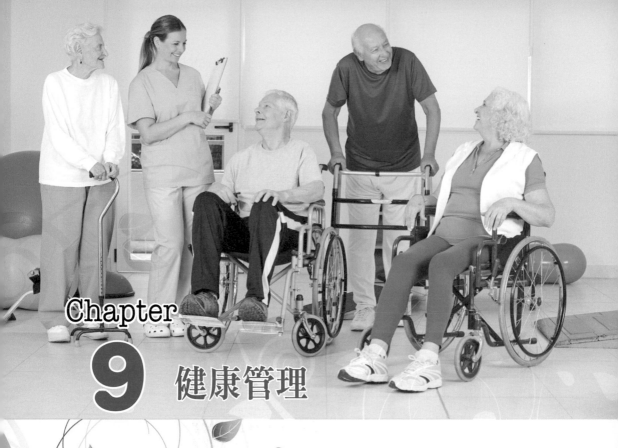

Chapter
9 健康管理

學習重點

1.照顧計畫
2.身心靈健康管理

　　根據統計，因醫療科技進步使人類平均壽命每五年增加一歲，海弗利克現象（Hayflick phenomenon）認為細胞大約可以分裂五十次左右，然後步入衰老與死亡。而體內的自由基也會對細胞、組織及器官造成傷害，最常見的是氧自由基，會造成老化及增加疾病發生（張文華，2007）。年輕時沒有注重的好習慣，常常成為老後生活及身體的問題。身心靈健康管理及照顧計畫，是提供給健康及亞健康老人快樂長壽的不老祕訣。

第一節　照顧計畫

　　照顧計畫（care plan）針對亞健康長者，提供健康照顧計畫的行動方案，健康信念模式（health belief model）認為個人對疾病的罹患及嚴重性認知，是提供行為的動力。其基本概念之行動線索，包括自覺身體不適則是內部線索，而大眾傳播的教育活動、健康檢查的通知單、親友的忠告、醫護人員的催促為外部線索。Bandura於1977年提出自我效能理論（self-efficacy theory），是個人評估自己在特定的情境下，完成工作的自信程度，自我效能越高，越能完成自己設定的目標（葉國樑，2012）。因此，照顧計畫的執行，需要個人設計並設定，由個人完成，才算是達到自我效能的終極目標。

壹、照顧計畫

　　影響健康的因素，有50%是個人生活及飲食習慣引起，養成生活好習慣，可以幫助長者找健康。人一旦生病後，才會積極想要找

回健康，病後尋求打針吃藥並非人心所願，取而代之的是疾病預防與養生保健議題。只要轉個念，在平時就發心發願追求健康的人生，才能擁有成功老化的老年生活。重新定位健康管理目標、發展個人健康管理知識及技巧、尋找支持性團體，都是健康照顧計畫的行動方案。

　　照護計畫十分重要，以下提供簡易基本生命徵象測量值記錄表、用藥記錄表及就醫記錄（醫師聯絡簿），供長者及陪伴照顧者一個參考的記錄表單。其中簡易基本生命徵象測量值記錄表（**表9-1**）會附上標準值數據，讓比較容易忘記數值的長者，或是對外籍照顧員，提供一個即時迅速的參考標準值。用藥記錄表（**表9-2**）需填上藥名、劑量和吃藥時間，以及應該注意的事項。對服務員而言，在照顧接案前應該要協助案主做用藥記錄和就醫記錄，以便在需要用到的時候，可以派上用場。特別是獨居長者更應該詳細記錄，萬一在緊急狀況送醫時，老人或照顧者可以在第一時間，協助送往就醫醫院，做最妥善的照顧。

　　在宅老化及在地老化將會成為老人選擇老後生活居所的考量，隨著獨居老人日漸增多，以台北市北投區的獨居長者為例，其家中設有警民連線裝置，社區也會提供長者量血壓等服務，但是長者卻沒有一個在家使用的記錄單，可以提供回診開藥評估或疾病徵象預測的個人健康記錄管理機制。

一、生理健康管理

(一)簡易基本生命徵象測量值記錄表

　　簡易基本生命徵象測量值記錄表如**表9-1**所示。

表9-1 簡易基本生命徵象測量值記錄表

日期	體溫	脈搏	呼吸	血壓	體重
標準	36.5℃～37.5℃	72（60～100）	12～20次／分	120/80	
1					
2					
3					
4					
5					
6					
7					

備註：完整表格參考附錄三。

(二)用藥記錄表

用藥記錄表如表9-2所示。

表9-2 用藥記錄表

No.	藥名	劑量、時間	應注意事項
1			
2			
3			
4			
5			

(三)就醫記錄表（醫師聯絡簿）

就醫記錄表（醫師聯絡簿）如表9-3所示。

表9-3 就醫記錄表

No.	科別	醫院	醫師	電話	地址
1					
2					
3					

二、運動健康管理

運動處方如下：

220－年齡＝每分鐘最大心跳值

每分鐘心跳的最大極限－90＝差距

差距／2＝中間值

每分鐘最大心跳值＋中間值＝此年齡老人可以接受的運動極限。

【練習題】65歲的老人，其每分鐘可以接受的心跳值運動極限為＿＿＿＿＿＿。

三、飲食健康管理

飲食的四大減法原則，就是減少「湯、糖、躺、燙」。晚餐後不喝湯和水，避免夜間因如廁次數增加，增高跌倒的風險。老人家不會像孩子一樣喜歡吃糖，但是食物中若醣類或卡路里熱量太高，對老年高血壓、心血管疾病、糖尿病等慢性病會有影響，特別是會造成飯前血糖值飆高的食物，都要特別注意。減重者認為吃水果替代正常三餐可以瘦身是錯誤的觀念，三餐間能坐就不要躺，避免食用過燙的食物。健康餐食設計加上適度的運動，才是個人健康管理的最佳指導原則。

正確的飲食應做到「少紅肉、高纖、低脂、多蔬果」的原則，遵循「蔬果彩虹579」的飲食原則，意即12歲以下兒童每日食用蔬果五份（蔬3果2），成人女性每日食用蔬果七份（蔬4果3），成人男性每日食用蔬果九份（蔬5果4）。「彩虹攝食」原則部分，則指

187

蔬果的色彩如彩虹般大致可分為「紅、橙、黃、綠、藍、紫、白」七色，不同顏色所含的維生素、礦物質、纖維素及植化素都不相同，應七色均衡攝取（台灣癌症基金會，2015）。

　　養生是一種生活習慣，以下歸納出「健康654321法則」（**表9-4**），提供長者參考。注重「六素」六大營養素的補充（參考第五章），養成「五習」，每日至少三份蔬菜、二份水果，養成靜坐深呼吸的習慣，每週至少一次到山上走走，每天用雙手從頭到腳輕拍或輕揉，閱讀至少一句勵志經文或閱讀一篇鼓勵人向善的文章；持續「四保」：體內環保、體外環保、保持運動習慣、保守真理的道；做到「三慢」：脾氣好、心跳緩、吃飯慢；訓練「三快」：排

表9-4　健康654321法則

六素	六大營養素的補充
五習	• 每日至少三份蔬菜、二份水果 • 養成靜坐深呼吸的習慣 • 每週至少一次到山上走走 • 每天用雙手從頭到腳輕拍或輕揉 • 閱讀至少一句勵志經文或閱讀一篇鼓勵人向善的文章
四保	• 體內環保 • 體外環保 • 保持運動習慣 • 保守真理的道
三慢	• 脾氣好 • 心跳緩 • 吃飯慢
三快	• 排便快 • 反應快 • 入睡快
二強	• 正向能量強 • 助人能力強
一生	• 一個全人整體健康的人生

便快、反應快、入睡快；達到「二強」：正向能量強；助人能力強，得享「一生」：一個全人整體健康的人生。

貳、照顧計畫問題檢查表

照顧計畫是身體保健行動方案，對個人而言，是身心靈健康指引，對個案而言，是評估，問題清單與問題處方的整合照顧計畫。個人的自我照顧能力降低，行動不便，認知出現障礙，疾病出現徵兆，心情出現躁動或憂鬱。

一、日常生活活動（ADLs）測量

日常生活狀態可以用巴氏量表來評估。這些功能性評估可以幫助照顧者更清楚瞭解案主健康引導的進步指數。功能性評估是測量日常生活活動功能（ADLs），測量個人適當且安全的進行沐浴、著衣、如廁、移動及進食的基本生活能力。經由照顧者在居家以工具性日常生活活動（IADLs），評估包括準備餐食、購物、家務工作、財務管理、藥物管理、使用電話及駕駛。

二、健忘還是失智？

失智症的評估，可以協助觀察老人的認知、睡眠等日常生活情形是否有所改變，失智最簡單的測試就是問老人今年幾年，幾月幾日，叫什麼名字，有幾個孩子，10元用掉7元剩幾元，100元用掉7元剩幾元，再用掉7元剩幾元，再用掉7元剩幾元，來測試現階段的狀況。中風的病人通常在表達上比較無法用較長的句子來說明自己的狀況，可以藉由親屬名稱記憶練習來提高老人的認知學習力及意願。後續介紹之**表9-9AD8**極早期失智症篩檢量表，可以作為早期

失智症狀檢視的測量方法之一。

三、檢視身體的老化程度

檢視身體的老化程度如**表9-5**所示。

表9-5 檢視身體的老化程度

No.	老化指標	No.	老化指標
1	頭髮	7	體力
2	牙齒	8	記憶
3	視力	9	抗壓
4	皮膚	10	消化能力減弱
5	皺紋	11	基礎代謝率下降
6	骨頭	12	胃口不佳

資料來源：整理自葉雅馨總編輯（2013）。

參、老人健康標準原則

老人可以從以下幾項飲食原則及生活原則，來檢視自己的飲食營養及生理機能是否達到老人健康標準原則。以下每一個項目若老人都能夠做到，相信老人健康不是夢，快樂一生人人有。

1.均衡攝取六大類食物。

2.少油、少鹽、少糖。

3.一天喝2,000cc.水。

4.吃鈣質豐富的食物。

5.維持理想體重。

6.不抽菸酗酒。

7.保持健走運動習慣。

8.吃東西細嚼慢嚥。

9.注意牙齒保健或假牙清潔。

10.定期健康檢查及做癌症篩檢。

11.保持樂觀開朗的心情與他人互動。

12.保持敬拜神的靈性修為生活。

　　細嚼慢嚥是飲食不二法則，飲食中的咀嚼次數越多越好，因為唾液裡的酵素，可以降低致癌性物質的毒性。透過唾液腺賀爾蒙的作用，可以強化骨骼及肌肉，預防老化（蕭雲菁譯，2008）。牙齒的構造有32顆，其中20顆是臼齒，負責咀嚼穀物，8顆門牙負責咬碎蔬果，4顆尖銳犬齒負責咬肉（蕭雲菁譯，2010）。「慢食」是一種顯學，卻是人們日常生活中不被重視的生活習慣，慢食可以提升五感，降低腸胃的負擔。

　　對於睡眠而言，關燈入睡是一種好習慣，晚上退黑激素增加可以幫助睡眠，光線會減少退黑激素產生，不利睡眠，影響到大腦休息。而早上反而需要光線讓退黑激素減少（蕭雲菁譯，2008）。

 第二節　身心靈健康管理

　　老人的健康促進不再是未來的議題，其將成為機構中品質提升的重要議題。找到簡單且日常生活中稍加用心就可以實踐的方法，是未來健康引導的指標。身心靈健康管理可以從疾病預防提升生理健康照顧管理、老化認知提升心理健康照顧管理、生活化的靈性健康照顧管理分述之。

壹、從疾病預防提升生理健康照顧管理

　　一般來說，我們可以進一步將中老年再分為55～64歲為前老期，65～74歲為初老期，75～84歲為中老期，85～94歲為老老期，而95歲以後為終老期。中年期是指年齡45～65歲，老年期指65歲以上的人生階段，隨著醫療科技的進步及生活水準提升，人口結構已發生變化，平均餘命延長（全人教育百寶箱，2015）。台灣之老年人口將於民國104年後大幅增加。依照內政部的資料，民國90年的老年人口占8.8%。台灣雖然人口轉型的時機較歐美經濟發達國家晚很多，但是增加的速度驚人，老年人口由7%倍增到14%的年數僅次於日本為27年，估計在2030年代趕上這些國家的人口老化水準，台灣的老化速度，根據行政院經建會的人口推計的趨勢，從1994年老年人口的7%，於26年後的2020年加倍到14%，而在16年後的2036年又增加為21%。而年齡在80歲以上的老老人，其占人口比例之增加速度可能超過65歲以上的老年人口（陳晶瑩，2003）。台灣自1994年邁入高齡化社會，高齡者人口數，超過台灣總人口的7%，台灣2010年零歲平均餘命估計為79.24歲，其中男性為76.15歲，女性為82.66歲（內政部，2011）。瞭解老年人常見疾病及預防方法，才是健康引導的目標。

一、老年人常見的疾病及預防方法

　　老年人最常見的慢性疾病，排名依序為高血壓、白內障、骨質疏鬆、高血脂症、心臟病、糖尿病、關節炎、痛風、腎臟病、呼吸道疾病、腦中風、氣喘、肝臟疾病、失智症、精神疾病等。隨著人口結構老化，飲食及生活型態改變，腦中風一直是國人十大死因

表9-6　老人常見症狀

No.	症狀名稱	正常情況	症狀顯徵	預防方法	危險因子避免方法
1	骨質疏鬆症	造骨細胞使骨質不斷增加	30歲以後每年以0.5%流失	存骨本、預防流失	避免咖啡、酗酒、抽菸營養均衡、適度補充鈣質及曬太陽
2	便祕	每天排便	排出乾硬便、超過三天未解便	吃蔬果、多喝水、補充纖維質、運動	避免使用軟便劑、少吃糕餅蛋糕、三餐定時定量
3	失眠	睡滿6小時，醒後精神飽滿	不易入睡、夜間醒來數次、白天嗜睡作息不正常	午睡時間減少、晚上餐後不喝飲料、白天運動量增加	規劃退休生活、作息正常不熬夜
4	老花眼	視力正常或可以配戴眼鏡	40歲後報紙拿遠才看得見	避免用眼過度、到戶外賞看綠景	不過度看電腦或手機、室內光線充足、配戴老花眼鏡避免度數加深
5	胃食道逆流	食物正常消化吸收	胃液逆流到喉頭，有酸苦味	不要吃太飽、酸辣不宜	就醫避免食道受傷、不喝咖啡、酒

排行第二位，其中65歲老人腦中風死亡率達10.8%。而心臟血管疾病、高血壓、腦中風的預防與保健，是常青照護議題中的重要課題。**表9-6**以老人常見症狀之正常情況、症狀顯徵、預防方法及如何避免危害健康之危險因子。

(一)腦中風之預防方法

　　老人血壓之收縮壓高於135，舒張壓高於85，就必須就醫。如

何預防腦中風，如何檢測自己是否屬於高血壓之高風險群，可以用以下幾點來檢測：

1. 我已是中年（年齡檢測值為男性≧45歲，女性≧55歲）。
2. 家族裡曾有人患有硬化性心臟病、心肌梗塞或猝死相關疾病。
3. 我體重過重。
4. 我有糖尿病。
5. 我有心臟病。
6. 我有高膽固醇症狀。
7. 我有抽菸習慣。
8. 我平時很少運動。
9. 我吃的口味比較鹹。
10. 我常喝酒過量。

腦中風要及早治療與復健，暫時性的腦缺血發作（俗稱小中風），24小時內有復原的機會。中風兩天後，可以開始做復健，包括物理治療、職能治療、語言治療。如預防腦中風，可以從以下幾點來做到事前預防：

1. 瞭解自己的血壓值，我的收縮壓大約是＿＿＿＿＿＿＿，舒張壓大約是＿＿＿＿＿＿。
2. 我有心房顫動（不規則的心臟跳動，會改變心臟的功能等）。
3. 戒菸。
4. 不喝酒或適量飲酒（每日140cc.）。
5. 瞭解自己的膽固醇值。

6.要注意飲食，特別是糖尿病患者，飯前要測血糖。

7.每天運動30分鐘。

8.飲食以低鹽，低脂肪為主。

(二)皮膚病之預防方法

皮膚常見的問題有斑、搔癢和感染等，預防皺紋和皮膚斑，應儘量避免在烈日當空時外出，要做好防曬工作，使用防曬乳，從事戶外活動時穿著長袖襯衫和長褲，穿上寬邊圓帽及手套，確實保護皮膚。皮膚乾燥時塗上比例均等的潤膚乳和凡士林，選用全棉衣物，衣服也不要太緊，皮膚癢時儘量不要抓癢。

(三)視覺與聽覺等疾病之預防方法

室內光線要柔和充足才能保護眼睛。黃斑部退化者要戴帽子或陽傘等防曬工具，降低病變發生機率。糖尿病視網膜病變患者應加強控制飲食，定期接受檢查。老人常見的聽覺問題及耳鳴問題，可以找耳鼻喉科醫師診治，且定期接受聽力檢查。

二、巴氏量表評估

巴氏量表（Barthel Index）的評估，可以協助評估被照顧者現況（**表9-7**）。

表9-7　巴氏量表

被看護者姓名：		
項目	**分數**	**內容**
一、進食	10	☐自己在合理的時間內（約10秒鐘吃一口）可用筷子取食眼前食物。若須使用進食輔具，會自行取用穿脫，不須協助。
	5	☐須別人協助取用或切好食物或穿脫進食輔具。
	0	☐無法自行取食。

（續）表9-7　巴氏量表

項目	分數	內容
二、移位 （包含由床上平躺到坐起，並可由床移位至輪椅）	15	□可自行坐起，且由床移位至椅子或輪椅，不須協助，包括輪椅煞車及移開腳踏板，且沒有安全上的顧慮。
	10	□在上述移位過程中，須些微協助（例如：予以輕扶以保持平衡）或提醒，或有安全上的顧慮。
	5	□可自行坐起但須別人協助才能移位至椅子。
	0	□須別人協助才能坐起，或須兩人幫忙方可移位。
三、個人衛生 （包含刷牙、洗臉、洗手及梳頭髮和刮鬍子）	5	□可自行刷牙、洗臉、洗手及梳頭髮和刮鬍子。
	0	□須別人協助才能完成上述盥洗項目。
四、如廁（包含穿脫衣物、擦拭、沖水）	10	□可自行上下馬桶，便後清潔，不會弄髒衣褲，且沒有安全上的顧慮。倘使用便盆，可自行取放並清洗乾淨。
	5	□在上述如廁過程中須協助保持平衡。整理衣物或使用衛生紙。
	0	□無法自行完成如廁過程。
五、洗澡	5	□可自行完成盆浴或淋浴。
	0	□須別人協助才能完成盆浴或淋浴。
六、平地走動	15	□使用或不使用輔具（包括穿支架義肢或無輪子之助行器）皆可獨立行走50公尺以上。
	10	□需要稍微扶持或口頭教導方向可行走50公尺以上。
	5	□雖無法行走，但可獨立操作輪椅或電動輪椅（包含轉彎、進門及接近桌子、床沿）並可推行50公尺以上。
	0	□需要別人幫忙。
七、上下樓梯	10	□可自行上下樓梯（可抓扶手或用拐杖）。
	5	□需要稍微扶持或口頭指導。
	0	□無法上下樓梯。
八、穿脫衣褲鞋襪	10	□可自行穿脫衣褲鞋襪，必要時使用輔具。
	5	□在別人幫忙下，可自行完成一半以上動作。
	0	□需要別人完全幫忙。
九、大便控制	10	□不會失禁，必要時會自行使用塞劑。
	5	□偶而會失禁（每週不超過一次），使用塞劑時需要別人幫忙。
	0	□失禁或需要灌腸。

（續）表9-7　巴氏量表

項目	分數	內容
十、小便控制	10	□日夜皆不會尿失禁，必要時會自行使用並清理尿布尿套。
	5	□偶而會失禁（每週不超過一次），使用尿布尿套時需要別人幫忙。
	0	□失禁或需要導尿。
總分		分（總分須大寫並不得有塗改情形，否則無效）
醫師簽章： （簽名或蓋章）	其他評估人員：	

三、臨床失智量表（CDR）評估工作單

　　近年來失智症照顧一直是老年健康照護熱門話題，斯諾登研究成果的專書《優雅的老年》中提到，動手做和每天三次共修，是免於失智的重要因素（張曉卉，2013）。失智症包括阿茲海默症、血管性失智症、額顳葉失智症、路易氏體症（財團法人天主教失智老人社會福利基金會，2011）。馬偕紀念醫院台東分院臨床失智量表（CDR）評估工作單給病人的問題，包括記憶力的問題、定向力的問題和判斷及解決問題能力（台東馬偕紀念醫院，2015）。

(一)記憶力的問題

　　（舉例）我將會給您一個姓名及一個地址，以及幾分鐘的時間讓您記憶。請跟我複誦這組姓名及地址：（重複直到能正確複誦出來，最多練習三次，共練習＿＿次）。

　　陳小美　　台北市　　中正路　　42號

(二)定向力的問題

　　（舉例）今天是幾號？　　□不正確　　□正確

(三)判斷及解決問題能力

　　（舉例）從20開始減3後，再把新得的數字再減3，一路計算下

　　　　去　□不正確　　□正確

四、看護者評估工作單

　　在給看護者（如家人等）有關病人的問題時，也對應記憶力的問題、定向力的問題和判斷及解決問題能力三個部分。另外增加社區事務、家居及嗜好、個人照料三個部分的評估。

(一)記憶力

　　（舉例）他是否在幾星期內會忘記發生過的重要事件（旅遊、

　　　　聚會、結婚）？　　□經常　　□有時　　□很少

(二)定向力

　　（舉例）不太容易記得月份或日期？　　□是　　□否

(三)判斷及解決問題能力

　　（舉例）他處理小額金錢的計算能力

　　　　□嚴重喪失　　□些許喪失　　□正常

(四)社區事務

　　（舉例）獨自出外買東西有困難？　　□經常　　□有時　　□很少

(五)家居及嗜好

　　（舉例）從前有何嗜好？（電視、報紙、聊天、閱讀、打牌、

　　　　散步、體育活動或 ＿＿），現在　□整天在自己房間

　　□只保留簡單外務　　□放棄複雜興趣嗜好　　□輕微障
礙　　□如常

(六)個人照料

　　（舉例）大小便　□大小便皆失禁　□常常尿床　□偶爾失禁
　　□正常控制

五、簡易心智狀態問卷調查表（SPMSQ）

　　簡易心智狀態問卷調查表（SPMSQ），即失智症篩檢量表，
如**表**9-8所示。答錯三題以上之長者，建議請立即前往各大醫院神
經內科或精神科，做進一步的失智症檢查，及早發現，及早預防及
治療。失智症篩檢量表可直接對長者施測，評估標準為錯0～2題心
智功能完整，錯3～4題輕度心智功能障礙，錯5～7題中度心智功能
障礙，錯8～10題重度心智功能障礙。

表9-8　簡易心智狀態問卷調查表（SPMSQ）

編號	問題	注意事項
1	今天是幾號？	年月日都對才算正確
2	今天是星期幾？	星期對才算正確
3	這是什麼地方？	對所在地有任何的描述都算正確
4-1	您的電話號碼是幾號？	號碼無誤才算正確
4-2	您住在什麼地方？	如沒有電話才問此題
5	您幾歲了？	年齡與出生年月日符合才算正確
6	您的出生年月日？	年月日都對才算正確
7	現任的總統是誰？	姓氏正確即可
8	前任的總統是誰？	姓氏正確即可
9	您媽媽叫什麼名字？	只需長輩說出一個與他人不同的女性姓名即可
10	從20減3開始算，一直減3減下去	期間如有出現任何錯誤或無法繼續進行計算即算錯誤

資料來源：財團法人天主教失智老人社會福利基金會（2011）。

六、AD8極早期失智症篩檢量表

AD8極早期失智症篩檢量表一共8題，計分標準：是＝1分，不是＝0分，不知道＝不計分（**表9-9**）。

表9-9　AD8極早期失智症篩檢量表

編號	問題	注意事項
1	判斷力上的困難	例如落入圈套或騙局、財務上不好的決定、買了對受禮者不合宜的禮物
2	對活動和嗜好的興趣降低	
3	重複相同的問題、故事和陳述	
4	在學習如何使用工具、設備和小器具上有困難	例如：電視、音響、冷氣機、洗衣機、熱水爐（器）、微波爐、遙控器
5	忘記正確的月份和年份	
6	處理複雜的財務上有困難	例如：個人或家庭的收支平衡、所得稅、繳費單
7	記住約會的時間有困難	
8	有持續的思考和記憶方面的問題	

除了上述的評估量表可以運用之外，平時在生活中，注意家中長者是否有**表9-10**失智症警訊產生，也可以作為自我健康管理的自我評估工具。

貳、從老化認知提升心理健康照顧管理

大腦內的神經元會隨年紀增加而減少，記憶力會日漸衰退。大腦的記憶力運作，主要是由多巴胺、血清素、γ-胺基丁酸、乙醯膽鹼四種神經傳導物質掌控，多巴胺減少會導致帕金森氏症，血

表9-10　失智症警訊

1	近期記憶喪失以致影響工作技能	6	抽象思考能力降低，無法思考複雜的事務
2	很難完成原本熟悉的家庭事務	7	物品擺放錯亂
3	有語言表達的問題，無法說出確切的名詞	8	行為與情緒出現改變
4	對時間或地方的概念變差，容易迷路或走失	9	個性急遽改變
5	判斷力變差，警覺性降低	10	喪失活動力及對生活事物失去興趣

資料來源：財團法人天主教失智老人社會福利基金會（2011）。

清素減少會導致憂鬱症，γ-胺基丁酸減少會引起躁鬱症，乙醯膽鹼減少就會有健忘的狀況產生。食物中的蛋白質可以提供豐富的多巴胺，太多太少都不宜，富含多巴胺的食物如奶製品、肉、魚、豆類、豆製品、堅果等。富含乙醯膽鹼的主要食物來源如蛋黃、花生、小麥胚芽、肝臟、肉、魚、牛奶、起司，以及蔬菜，尤其是花椰菜、甘藍菜、青花菜等（林玉珮，2008）。乳製品、香蕉及堅果類等食物，雞肉、牛肉、菠菜、巧克力、五穀雜糧、蛋、海藻等，也是能補充血清素的食物來源（吳秋玲，2015）。γ-胺基丁酸富含於稻米胚芽中（林少琴、吳若紅、鄒開煌、程開，2004）。

　　老化所帶來的困擾，令人覺得沮喪，如何以平常心及正確的心態來面對，需要以知識與智慧來準備。認知是可以從日常生活中，例如看電視劇情等記憶與討論來訓練。B_{12}的補充可以幫助記憶力的恢復。近年來老年失智症的討論頗為頻繁，過去稱之為老年退化或老年癡呆症所引起的症狀，如今都冠上了新的專有名詞。一般人會注重身體的操練，維持身體的年輕，事實上，大腦的記憶力訓練，也是老年生活中需要特別加以訓練的，利用影像記憶可以讓大

腦更年輕。

　　心理健康照顧管理，對健康老人而言，是壓力造成的。女性在停經後，男性在40歲後，會經歷一場更年期障礙的心理征戰，最佳的療癒方法，還是找到壓力源，與家人朋友一起克服。壓力賀爾蒙例如皮質醇（cortisol）大量湧現時，老人會產生憂慮，甚至降低免疫力。在學習接納和必要的控制之後，老人可以成功掌控個人壓力的最高點。高齡者認知功能與心理安適感，息息相關。透過提升身體智能的練習，個體可以對自己的身心靈健康與否，自我察覺。當掌控度越高，身心靈健康自然提升，個體的成功模式，也是可以啟發他人的經驗。

　　老，是衰退的象徵嗎？一般人對老人的刻板印象，是慢、病、弱，老人也會自認自身在社會或家庭中的地位漸失，產生的失落感，將內心世界和活動範圍，撤退到自己覺得安全不受歧視的範圍。造成老人權力喪失的因素，除了內在因素，即個體因素，還包括外在因素，即社會因素。這些內外在因素，使老人造成許多心理壓力，失去支持系統，加上經濟主權和社會地位喪失等因素，使老人失去許多社會參與的機會，造成社會對老人的刻板印象，老人心理和生活，撤退到自己的安逸舒適圈，遠離人群，這些負面行為造成老人心理健康衰退的問題。

　　長者如何在生活中引導自己擁有優質老年生活的方法，包括：

1. 意義、恐懼、喜悅：成功老化，保持快樂，有老本及安排好的退休生活，就不會恐懼。
2. 質變、新、可能性：只要有心，加上創意，改善生活品質。
3. 調適、放下：活在當下，學會放下的生活智慧，調整心態。

4.學習、智慧：持續學習，給生命新的意義；學習克服；年輕時學習，老年時理解。

5.信念、寂寞、獨處：找時間給自己，學習獨處不怕寂寞，寂寞時就找一個需要幫忙的人來幫助他。

6.放下、自由、時間：善用每天的24小時。（唐勤譯，2010）

　　健康的心理，是由多方面來探討的，其中還受到性別、學歷、情緒、壓力、收入、態度、價值、社會、疾病等因素影響。其中也受到生物的（病毒等）、心理的（行為信念）和社會的（職業等）所組合而成。健康信念在兒童期及青少年期養成定型，而這些習慣的養成，一旦到了老年就比較不容易改變，世界衛生組織（WHO）1986年在「渥太華憲章」中定義健康促進（Health Promotion）：「讓人們能夠強化其掌控並增進自身健康的過程。」簡單來說，健康促進就是促使民眾過更健康的生活，並從事有益健康的活動。壓力源的管理也很重要，情緒也是壓力反應的其中一種，身心的壓力往往會導致心理疾病的產生，生理上的腸躁症，也是壓力所引起，情緒又包括正面情緒和負面情緒，壓力屬於負面心理，可以藉由紓壓活動來改善。例如，各式輔助療法，包括音樂輔療、園藝輔療、藝術輔療等。運用放鬆訓練，例如肌肉放鬆法、深呼吸法、想像法（靜坐冥想），還有環境的調整和生活的改變、社會支持的增加，都可以幫助個人身心的健康發展。花錢能買到優質照護嗎？人生的下坡更需要智慧，如何打造一個即使一個人也不覺得寂寞的地方，這與老人的靈性健康有極深的關係。

參、生活化的靈性健康照顧管理

老化是進行式，老年人經常性的要面對疾病與死亡兩大課題，一堂心靈的課程，一次學習超越自己的靜坐，不定期的禱告，都無法讓一個人以喜樂的心，面對苦痛所伴隨而來的低落情緒。老年生活中很重要的一門學問，是說好話，說感謝的話，聽好話，讓身體充滿智慧的彩光，實務工作中也發現，會怒罵抱怨發牢騷的老人的幸福指數，相對於凡事感謝樂觀開朗的長者，低出許多，可以說抗老化除了食物之外，還有言語，這兩項都與口有關。生活化的靈性健康照顧管理，著重在身心靈健康中的靈性修為，靈性越健康的長者，表現出來的行為與言語，都是值得後輩學習的榜樣。

老年生活最重要的，是統整，從失落中找尋生命的意義，不論是宗教講師或古代先師，都教導我們在真道中尋找智慧，用智慧統整人生，佛教的放下，密宗的解脫，回教的命定，基督教的交託，不受宗教的束縛，而是看個人敬虔的心。當一個人的心越敬虔，越謙卑，越尊重自然，越不在乎自身苦難，越博愛於萬事萬物，他的靈性生活相對比其他人健康，面對生死課題時，也較處之泰然。老人在靈性成長的部分，大多會尋求宗教信仰來協助自己，然而在信仰多元的社會中，迷信和偏頗的經文解讀，往往造成許多人身心和經濟上的虧缺，如何讓靈性健康照顧管理更生活化，對老人來說是有意義的，苦難的人生是永恆生命中短暫的一小部分，我們可以從找出苦難的意義、學會愛與寬恕、學習與自然環境和諧共存、創造充滿感恩和盼望的生活，來看靈性健康提升的影響因素（陳美蘭、洪櫻純，2015）。

台灣是多元宗教信仰的國家，不論是活動規劃帶領者，或是老

人服務及社福領域之實務工作者，在運用及引領靈性健康議題或活動時，需多方考量參與者的宗教信仰背景，在活動引導時，才能發揮正面的影響力。靈性是一個概念，也可落實而成為生命的實體，靈性的整全關係，可以從天人關係、家庭關係、群我關係、自我認同看出，老人對於天人關係非常在意，因為當越接近死亡之際，會更想確定自己和神之間的關係（劉清虔，2007）。

學會生活，熱愛生命，多數人面對的人生課題是一樣的：真實、愛、處世、失落、力量、愧疚、時間、恐懼、憤怒、遊戲、耐心、屈服、寬恕、幸福。有些功課雖然很難掌握。沒有屈服於死亡，知道自己一直在領悟生命的真諦，這是人生中最後的課程，這些課程是關於人生的終極真理，它們暗含生命自身的秘密。超自然的力量是至高的地位、財富的累積或高尚的職業並不是靈性力量的來源。事實上，力量是內心深處的真實表達，是堅持、真誠以及慈悲的外在表現。我們通常不會意識到每個人的內心都擁有著宇宙般強大的力量（徐黃兆譯，2011），這股力量來自個人的靈性健康。

對慢性疾病而言，以靈性基礎的全人健康評量，不論個體生理心理及社會方面為何，具有持續不斷靈性成長者，對健康提升的意識較為強烈。他們以平均年齡55歲，且有六年以上的疾病史的人做的研究中顯示，69人中有59人認為靈性和他們的健康息息相關（Faull, K. & Hills, M. D., 2007）。

近年來，老人身心靈健康課題，隨著生死學系所的開辦，殯葬業者對消費者生命禮儀的正向引導，以及生死議題廣泛在社群被討論之後，善終關懷和安寧療護成為老人服務事業管理系、社工系、老人福祉系等相關系所討論的課題。以進步的醫療和科技來延長壽命，與尊重老人的意願減少身心方面的痛苦，提升其生命品質，兩

者之間受到極大的挑戰。美國所提倡的預立遺囑，日本發展多年的生前契約，都在透過事先的準備讓人安心。英國所提倡的安寧療護，美國的自然死亡法，台灣安寧照護基金會所提倡的安寧緩和醫療，協助病人得到心靈的安適。聖嚴法師的環保樹葬，將現代人對善終所需做的努力與學習，提升到另一個美好的層次。如何成為一個靈性健康的老人，除了要透過事先的預立遺囑準備讓自己安心之外，還要學會不避諱談生死，接受環保葬的生命禮儀方式等，以及定期用生活化的靈性健康照顧管理，來檢視自己，相信這樣的學習對老人靈性健康成長，會產生顯著的影響。

第三節　實務工作示範

　　孝順父母並非只限於倫理道德方面，更應該學習站在醫學甚至抗老化的觀點來思考與學習，這點非常重要，這是人類最偉大的智慧（蕭雲菁譯，2008）。被照顧者隨時鼓勵自己多動一下，即使是躺在床上，照顧者多學會讚美自己和被照顧者做得好。

壹、養生健康操

　　熱波（heat wave）可以藉由自己的雙手產生，將雙手搓熱，就會產生熱波，每一個產生的都不一樣，這樣的熱波，當你輕輕沿著自己的身體移動時，熱波會帶動血液循環，稱為震動輔療（vibrational healing therapy），若用在美體SPA或按摩養生，可以提升服務接受者的身體血液循環。以下養生健康操，是綜合幾項簡易運動，所設計的養生操，適合健康及亞健康的案主，部分運動適用於被動運動中（**表9-11**）。

表9-11　養生健康操

項目	內容	步驟
一	深呼吸 	坐下眼睛閉起，鼻子吸氣，大約數5秒，嘴巴吐氣，再數5秒，連續做10次，睜開眼，大口吸大口吐，做3次
二	熱波敷眼 	將雙手搓熱，雙眼閉上，然後敷在眼皮上，配合深呼吸，大約10秒
三	熱波敷全身 	將雙手搓熱，從頭開始，輕輕摸，至肩膀到雙手，滑過前胸及後背，經由大腿外側向內側，再摸肚子
四	輕拍全身 	雙手呈弓字型，輕拍身體，從肩膀開始，到手外側至內側，胳肢窩，拍背，拍屁股，經由大腿外側向內側，拍鼠蹊處，再拍肚子

（表）表9-11　養生健康操

項目	內容	步驟
五	五十肩預防 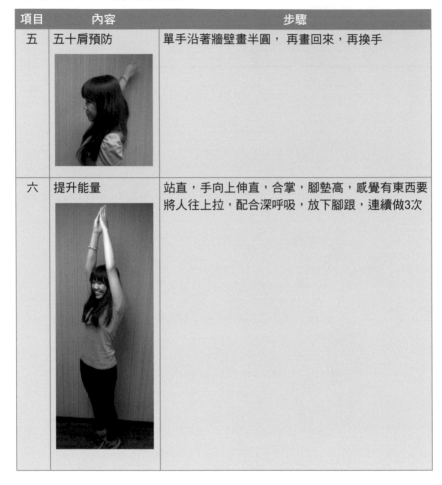	單手沿著牆壁畫半圓，再畫回來，再換手
六	提升能量	站直，手向上伸直，合掌，腳墊高，感覺有東西要將人往上拉，配合深呼吸，放下腳跟，連續做3次

貳、樂活生活作業

　　樂活生活作業如**表9-12**所示，連續一星期至三個月來檢視自己的身心靈提升程度，相信對幸福老年的追尋是很有幫助的。最後請談談執行完這項作業的心得？

表9-12　樂活生活作業

組別：　　　　　姓名：								
連續記錄一星期不中斷，就可以瞭解自己生活「快樂不快樂」喔！								
日期	次數				有做到打√			
	生氣	幫助&原諒他人	做環保（環境&體內）	靜心和神交通	讓心情好	做志工	欣賞自然生態美	祈福禱告

表9-13為一般長壽老人正常作息表，提供給退休前、後，計劃改變生活習慣者參考。

表9-13　老人正常作息表

時間	作息活動
早上	
8:30	起床，刷牙，洗臉，喝溫水，排便，吃早餐
10:30	運動
11:30	午餐
13:00	洗澡
下午	
13:30	午休
15:30	午點
16:30	運動
17:00	晚餐
21:00	就寢

參、養生餐

　　圖9-1為尚未烹調之食材，建議先切細，青菜則是汆燙或炒過後，再用剪刀剪成段。地瓜、馬鈴薯也易消化，可以替代米飯（**圖9-2**）。

圖9-1　尚未烹調之食材切細　　　　圖9-2　地瓜、馬鈴薯可替代米飯

參考文獻

Faull, K., & Hills, M. D. (2007). A spiritually-based measure of holistic health for those with disabilities: Development, preliminary reliability and validity assessment. *Disability and Rehabilitation, 29*(13), 999-1010.

內政部（2011）。「內政部統計通報100年第二週」。內政部統計處。

台東馬偕紀念醫院（2015）。「臨床失智量表（CDR）」。馬偕紀念醫院台東分院網站ttw3.mmh.org.tw/neuroweb/forms/CDR.doc

台灣癌症基金會（2015）。〈正確飲食（蔬果彩虹579）〉。財團法人台灣癌症基金會網站http://www.canceraway.org.tw/pagelist.asp?keyid=50

全人教育百寶箱（2015）。〈老年期定義〉。全人教育百寶箱網站http://hep.cc.ic.ntnu.edu.tw/

行政院（2013）。「長期照護服務網計畫（第一期）－102年至105年」。衛生福利部護理及健康照護司http://www.mohw.gov.tw/cht/DONAHC/DM1_P.aspx?f_list_no=581&fod_list_no=4530&doc_no=42566

吳秋玲（2015）。〈吃了會幸福的食物〉。台灣癌症基金會網站http://www.canceraway.org.tw/579aday/page.asp?IDno=63

林少琴、吳若紅、鄒開煌、程開（2004）。〈米胚芽中γ-氨基丁酸的分離提取及鑑定〉。《食品科學》，25(1)，76-78。

林玉珮（2008）。〈吃出專注力〉。《親子天下雜誌》，第2期，親子天下網站http://www.parenting.com.tw/article/5020851-%E5%90%83%E5%87%BA%E5%B0%88%E6%B3%A8%E5%8A%9B/

唐勤譯（2010）。Joan Chittister著。《老得好優雅》。台北：天下文化。

徐黃兆譯（2011）。Elisabeth Kubler-Ross and David Kessler著。《人生的功課：生死學大師談生命和生活的奧秘》。台北：中央編譯出版社。

財團法人天主教失智老人社會福利基金會（2011）。《這樣吃，不失

智》。台北市：時報文化。

張文華（2007）。《健康老人：銀髮族生理・心理・疾病》。台北市：
　　華成圖書。

張曉卉（2013）。《牽爸媽的手：自在到老的待辦事項》。台北：天下
　　文化。

陳美蘭（2014）。《老人學習方案對靈性健康提升之研究：全人整體健
　　康》。經國管理暨健康學院健康產業管理研究所碩士論文。

陳美蘭、洪櫻純（2015）。《老人身心靈健康體驗活動設計》。新北
　　市：揚智文化。

陳晶瑩（2003）。〈老年人之長期照護〉。《台灣醫學》，7(3)，404-
　　413。

葉國樑（2012）。「健康行為科學與管理」。台灣健康促進暨衛生教育
　　學會主辦健康促進管理師第二十期講義。

劉清虔（2007）。〈社區照顧中的靈性關顧〉。《神學與教會》，
　　32(2)，532-557。

葉雅馨總編輯（2013）。《照顧父母，這樣做才安心：完善的熟齡照
　　護，給父母幸福到老》。台北市：大家健康雜誌。

蕭雲菁譯（2008）。坪田一男著（2007）。《不老生活》。台北市：三
　　采文化。

蕭雲菁譯（2010）。石原結實、安保徹著（2008）。《遠離疾病的生活
　　常識》。台北市：晨星。

附錄一　認知訓練活動設計

認知訓練活動設計單				
單元名稱				
適用對象				
活動時間		分鐘	參與人數	人
使用教材				
活動目標				

活動流程之內容設計	時間	活動資源或器材
【開場白】	分鐘	
【學習方案＿＿＿＿＿＿＿＿＿＿＿＿＿】	分鐘	
【統整與總結】	分鐘	

評量方式	
週間作業	
課後檢討	
注意事項	
參考資料	

認知訓練活動設計1

單元名稱	數一數		
適用對象	55歲以上長者、一般民眾		
活動時間	15分鐘	參與人數	1人
使用教材	圖片：有各種不同數量的東西。		
活動目標	認識數字1到5，建立基本的計算能力。		

活動流程之內容設計	時間	活動資源或器材
【開場白】 新年到了，到一位親戚家拜年，她準備了一些東西，我們來看看有哪些食物？	3分鐘	
【學習方案——數一數】 1.圖一：蘋果有幾個？汽水有幾瓶？…… 2.圖二：這裡有一些東西被吃掉了。蘋果本來有幾個？ 　(1)如果長者忘記了，再翻回圖一讓他回想。接著進行第二　　小點的部分。 　(2)如果長者還記得數量，可以接著問長者，那是被吃掉了　　幾個呢？ 3.圖三：再放一些食物，現在有多少蘋果？汽水？橘子？有什　麼被吃光了？	10分鐘	圖片
【統整與總結】 好厲害，還記得本來有幾個，也知道被吃掉了幾個。	2分鐘	

評量方式	
週間作業	
課後檢討	水果的數量不可多於5。
注意事項	
參考資料	https://cd.edb.gov.hk/la_03/chi/study_guide/index/pos/maths/task/Ch3.5.htm

活動之使用教材

圖一　　　　　　　圖二　　　　　　　圖三

認知訓練活動設計2

單元名稱	數字123		
適用對象	55歲以上長者、一般民眾		
活動時間	15分鐘	參與人數	1人
使用教材	數字卡1到5。		
活動目標	1.認識數字1到5。 2.建立基本的計算能力。		
活動流程之內容設計		時間	活動資源或器材
【開場白】 我們來從1數到5。來看這5張卡片，有1、2、3、4、5。現在要來認識這些數字。		3分鐘	數字卡1到5
【學習方案──數字123排序】 1.首先，將1到3打亂，讓長者按照順序從左排到右。 2.再加入4、5，也是先打亂，再排列順序。		5分鐘	數字卡1到5
【學習方案──數字123加減】 1.加法：給你1塊，再給你4塊，總共加起來有多少。 2.減法：給你4塊，拿掉3塊，總共還剩多少。		5分鐘	數字卡1到5
【統整與總結】 好棒！加減都還記得，以前數學一定很厲害，做得不錯。		2分鐘	
評量方式			
週間作業			
課後檢討	1.需具備從1數到10的能力。 2.數字123加減不超過5為原則。		
注意事項			
參考資料			

認知訓練活動設計3

單元名稱	數字對對碰		
適用對象	55歲以上長者、一般民眾		
活動時間	30分鐘	參與人數	1人
使用教材	撲克牌1副。		
活動目標	1.訓練注意力、觀察力。 2.學習分辨2-10的數字。 3.提升長者的生活娛樂。		

活動流程之內容設計	時間	活動資源或器材
【開場白】 以前有玩過撲克牌嗎？沒關係，我們現在來玩一個簡單的撲克牌翻牌遊戲。	2分鐘	
【學習方案——數字對對碰】 1.先將撲克牌的背面朝上，然後洗一洗，再一張一張整齊地排列在桌上。 2.帶領者先翻開一張撲克牌，問長者撲克牌上的數字是什麼，或者帶著他念上面的數字。 3.接著再請長者翻開一張撲克牌，也是一樣每翻開一張就請他念念看上面的數字。 4.這樣接續翻開撲克牌之後，若有翻到跟之前翻開一樣的撲克牌，就是配對成功，就能把那2張撲克牌歸於自己。 5.拿到最多撲克牌的人就是贏家，以3戰2勝的方式進行。	25分鐘	撲克牌1副
【統整與總結】 好厲害！第一次玩就能拿到那麼多張撲克牌。現在要來頒獎給贏家，準備一個髮夾當作贏家的禮物。	3分鐘	禮物

評量方式	
週間作業	
課後檢討	1.一個人每一次只能翻開一張撲克牌。 2.因為長者可能看不懂英文字母，所以不要放入A、J、Q、K。 3.準備一個禮物送給長者，幫助他更願意從遊戲當中學習。
注意事項	
參考資料	

認知訓練活動設計4

單元名稱	數字捉迷藏		
適用對象	55歲以上長者、一般民眾		
活動時間	15分鐘	參與人數	1人
使用教材	事先準備教材： 1.四分之一的A4紙張大小。 2.簽字筆2支（不同顏色）。 隨機將數字1到9寫成3乘3的矩陣，用另一個顏色的筆在矩陣下方寫上要尋找的題目，並將這題目框起，與上面的數字區隔開來。		
活動目標	訓練觀察力、注意力。		

活動流程之內容設計	時間	活動資源或器材
【開場白】 這裡有好多好多數字哦，我想要的3個數字遺落在這些數字裡面，幫我找找看我要的數字在哪裡。	2分鐘	
【學習方案──數字捉迷藏】 1.開始在限定的範圍中，先找出題目區的第一個數字。 2.接著再看此數字的周圍是否有可接續之數字，逐一搜尋，將完整的數字序列找出來。	10分鐘	教材
【統整與總結】 謝謝你幫我找到了我需要的數字，我有禮物要回送給你，謝謝你幫了我一個大忙。	3分鐘	禮物

評量方式	
週間作業	
課後檢討	1.必須先具備認識1到9等九個阿拉伯數字的能力。 2.從3乘3的大小開始，再慢慢擴大。 3.長者可能會隨意搜尋，很容易就漏掉相關的數字。可以提醒他，條列性地搜尋整個版面。 4.由左至右，由上至下，逐一確認，就可完整搜尋範圍中的每一個數字。
注意事項	
參考資料	許正典、林希陶（2011）。《125遊戲，提升孩子專注力5》。台北市：新手父母。

活動之使用教材

4	2	8
9	6	1
3	5	7

961

認知訓練活動設計5

單元名稱	數字著色		
適用對象	55歲以上長者、一般民眾		
活動時間	20分鐘	參與人數	1人
使用教材	1.著色圖1張。 2.色鉛筆1盒（12支基本色）。		
活動目標	增進長者的注意力與持續力。		
活動流程之內容設計		時間	活動資源或器材
【開場白】 今天我們來畫一個不一樣的著色圖，完成之後會是一個漂亮的畫作哦！		2分鐘	
【學習方案——數字著色】 1.請長者注意看對應的數字與顏色。 2.由老師說明什麼號碼該塗成什麼顏色，如「1塗成黃色」、 　「2塗成藍色」等等。一個一個數字逐一完成。 3.接著將所有相同的數字區塊都塗上同一種顏色。		15分鐘	著色圖1張 色鉛筆1盒
【統整與總結】 若可以持續運用注意力，就可以將同一數字的區塊都找出來，並塗上同一顏色，直到整張紙都塗完為止。		3分鐘	
評量方式			
週間作業			
課後檢討	1.需先具備辨認數字1到9，也需辨識幾種基本顏色，如黑、紅、黃、藍、綠等等，才有辦法進行此遊戲。 2.有的行事較為衝動，可以提醒需將數字所隸屬的區塊塗滿，以增加長者衝動控制的能力。		
注意事項			
參考資料	許正典、林希陶（2015）。《99著色遊戲，把專心變有趣》。台北市：新手父母。		

認知訓練活動設計6

單元名稱	點點著色		
適用對象	55歲以上長者、一般民眾		
活動時間	20分鐘	參與人數	1人
使用教材	1.著色圖1張。 2.色鉛筆1盒（12支基本色）。		
活動目標	增進長者的注意力與持續力。		
活動流程之內容設計		時間	活動資源或器材
【開場白】 今天來化一個不一樣的著色方式，之前是看數字，現在要來找點點。		2分鐘	
【學習方案──點點著色】 1.請長者注意觀察每一個封閉區塊中有幾個點點，是「一個點點」還是「兩個點點」。 2.向長者說明如果是「一個點點」不要圖顏色，若是「兩個點點」才要塗顏色。 3.到最後就可以知道隱藏在題目中的圖形到底是什麼了。		15分鐘	著色圖1張 色鉛筆1盒
【統整與總結】 若長者可持續運用注意力，就可將所有具有兩個點點的區塊都找出來，並塗上同一顏色，直到將整張紙都塗完為止。		3分鐘	
評量方式			
週間作業			
課後檢討	有的長者行事較為衝動，可以提醒需將有兩個點點的所有區塊塗滿，以增加長者衝動控制的能力。		
注意事項			
參考資料	許正典、林希陶（2015）。《99著色遊戲，把專心變有趣》。台北市：新手父母。		

認知訓練活動設計7

單元名稱	動物對對碰		
適用對象	55歲以上長者、一般民眾		
活動時間	30分鐘	參與人數	1人
使用教材	12生肖卡片，每一種動物要有2張一樣的卡片。		
活動目標	1.訓練注意力、觀察力。 2.學習認識動物的名稱。 3.提升長者的生活娛樂。		

活動流程之內容設計	時間	活動資源或器材
【開場白】 這裡有各種不同的動物，我們現在來用玩遊戲的方式認識這些動物，我們來玩一個簡單的翻牌遊戲。	2分鐘	
【學習方案——動物對對碰】 1.先將卡片的背面朝上，然後洗一洗，再一張一張整齊地排列在桌上。 2.帶領者先翻開一張卡片，問長者卡片上的動物是什麼動物，或者是帶著他念。 3.接著再請長者翻開一張卡片，也是一樣每翻開一張就請他念看上面動物的名字。 4.這樣接續翻開卡片之後，若有翻到跟之前翻開一樣的卡片，就代表配對成功，那2張卡片就可以拿起來，歸於自己。 5.拿到最多卡片的人就是贏家，以3戰2勝的方式進行。	25分鐘	12生肖卡片
【統整與總結】 好厲害！第一次玩就能拿到那麼多張卡片。現在要來頒獎給贏家，準備一個禮物送給他。	3分鐘	禮物

評量方式	
週間作業	
課後檢討	1.一個人每一次只能翻開一張卡片。 2.有時長者在一直念不對的時候，會覺得很挫敗，這時要試著鼓勵他，讓他願意繼續進行遊戲。 3.準備一個禮物送給他，幫助他更願意從遊戲當中學習。
注意事項	
參考資料	

認知訓練活動設計8

單元名稱	蔬果對對碰		
適用對象	55歲以上長者、一般民眾		
活動時間	30分鐘	參與人數	1人
使用教材	12種蔬果的卡片，每一種蔬果要有2張一樣的卡片。		
活動目標	1.訓練注意力、觀察力。 2.學習認識蔬果的名稱。 3.提升長者的生活娛樂。		
活動流程之內容設計		時間	活動資源或器材
【開場白】 這裡有各種不同的蔬菜、水果，我們現在來用玩遊戲的方式認識這些蔬菜、水果，我們來玩一個簡單的翻牌遊戲。		2分鐘	
【學習方案——蔬果對對碰】 1.先將卡片的背面朝上，然後洗一洗，再一張一張整齊地排列在桌上。 2.帶領者先翻開一張卡片，問長者卡片上的蔬果是什麼蔬果，或者是帶著他念。 3.接著再請長者翻開一張卡片，也是一樣每翻開一張就請他念念看上面蔬果的名字。 4.這樣接續翻開卡片之後，若有翻到跟之前翻開一樣的卡片，就代表配對成功，那2張卡片就可以拿起來，歸於自己。 5.拿到最多卡片的人就是贏家，以3戰2勝的方式進行。		25分鐘	12蔬果卡片
【統整與總結】 好厲害！第一次玩就能拿到那麼多張卡片。現在要來頒獎給贏家，準備一個禮物送給他。		3分鐘	禮物
評量方式			
週間作業			
課後檢討	1.一個人每一次只能翻開一張卡片。 2.有時長者在一直念不對的時候，會覺得很挫敗，這時要試著鼓勵他，讓他願意繼續進行遊戲。 3.準備一個禮物送給他，鼓勵他更願意從遊戲當中學習。		
注意事項			
參考資料			

認知訓練活動設計9

單元名稱	象棋對對碰		
適用對象	55歲以上長者、一般民眾		
活動時間	30分鐘	參與人數	1人
使用教材	象棋1盒。		
活動目標	1.訓練注意力、觀察力。 2.學習認識象棋上的字。 3.提升長者生活育樂之功能。		

活動流程之內容設計	時間	活動資源或器材
【開場白】 以前有玩過象棋嗎？別擔心，我們現在來玩一個簡單的象棋遊戲。	2分鐘	
【學習方案——象棋對對碰】 1.先將全部象棋的背面朝上，然後洗一洗牌，再擺好位置。 2.帶領者先翻開一個象棋，問長者象棋上的字要怎麼念，或者帶著他念上面的字。 3.接著再請長者翻開一個象棋，也是一樣每翻開一個就請他念念看上面的字。 4.這樣接續翻開象棋之後，若有翻到跟之前翻開一樣的象棋，就是配對成功，就能把那2個象棋歸於自己。 5.拿到最多象棋的人就是贏家，以3戰2勝的方式進行。（參考圖一）	25分鐘	象棋1盒
【統整與總結】 好厲害！第一次玩就能配對到那麼多的象棋。現在要來頒獎給贏家，準備一個削鉛筆機當作贏家的禮物。	3分鐘	禮物

評量方式	
週間作業	
課後檢討	1.一個人每一次只能翻開一個象棋。 2.拿掉多餘的兵、卒、將、帥，因為都只有一個，無法配對。 3.準備一個禮物送給他，鼓勵他更願意從遊戲當中學習。 4.小禮物可以貼心準備長者喜歡的東西。
注意事項	
參考資料	

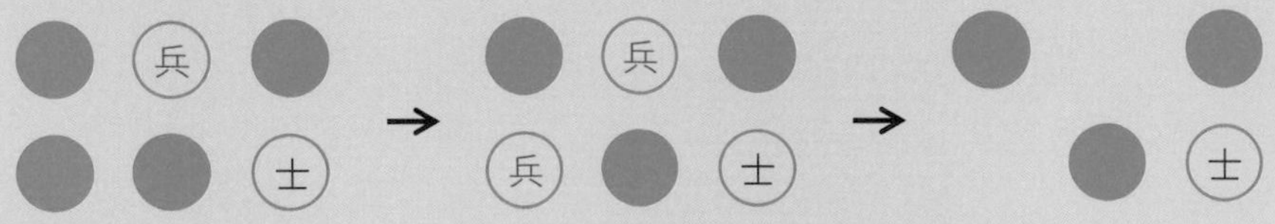

圖一

認知訓練活動設計10

單元名稱	象棋賓果		
適用對象	55歲以上長者、一般民眾		
活動時間	15分鐘	參與人數	1人
使用教材	象棋1盒。		
活動目標	1.訓練注意力、觀察力。 2.學習認識象棋上的字。 3.提升長者的生活娛樂。		

活動流程之內容設計	時間	活動資源或器材
【開場白】 我們現在來玩一個不一樣的象棋。有沒有玩過賓果？大部分都是用數字玩賓果，但是我們現在要來玩不一樣的方式，要用象棋來玩賓果。	3分鐘	
【學習方案——象棋賓果】 1.挑選9對象棋，將其正面朝上，兩邊所分到的象棋是一樣的。 2.在賓果版上，將象棋隨機擺好位置。 3.帶領者先拿起一個象棋，長者賓果版上的象棋也要拿起對應的象棋。 4.接著再請長者拿起一個象棋，也是一樣另一人賓果版上的象棋也要拿起對應的象棋。 5.若賓果版上沒有象棋的地方能夠連成一條直線，代表賓果了。（參考圖二）	10分鐘	3乘3賓果版2份 象棋1盒
【統整與總結】 好厲害！你已經連成一條線了，恭喜你賓果了！	2分鐘	

評量方式	
週間作業	
課後檢討	1.先從最基本的3乘3矩陣開始玩，進行順利再慢慢擴大。 2.一個人每一次只能拿起一個象棋。 3.有玩過賓果的或許會比較容易進入狀況，因為有的長者可能對於要連成一條線的玩法不是很瞭解，就沒有辦法進行此遊戲。
注意事項	
參考資料	

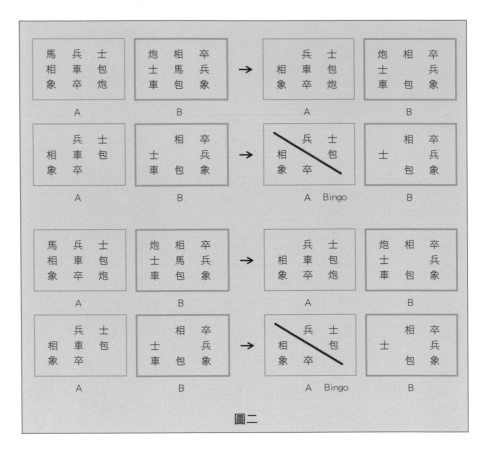

圖二

認知訓練活動設計11

單元名稱	物品躲貓貓		
適用對象	55歲以上長者、一般民眾		
活動時間	20分鐘	參與人數	1人
使用教材	物品躲貓貓圖片。		
活動目標	訓練觀察力、注意力。		
活動流程之內容設計		時間	活動資源或器材
【開場白】 向長者介紹圖片的場景。		3分鐘	
【學習方案──物品躲貓貓1】 1.先確認題目中要尋找的小物品（相同物）。 2.在限定的範圍中，找出此物品。		5分鐘	物品躲貓貓圖片
【學習方案──物品躲貓貓2】 1.先確認題目中要尋找的一個小物品（不同物）。 2.在限定的範圍中，找出此物品。		10分鐘	物品躲貓貓圖片
【統整與總結】 若長者的注意力可以持續，就能系統性地搜尋每一個小物品，將所有隱藏的小物品找尋出來。		2分鐘	
評量方式			
週間作業			
課後檢討	1.長者可能會隨意搜尋，很容易就漏掉相關的小物品。 2.可以提醒他系統性地搜尋整個版面，例如：由左至右，由上至下，逐一找尋，就可完整搜尋到所有躲藏的小物品。		
注意事項			
參考資料	許正典、林希陶（2011）。《125遊戲，提升孩子專注力5》。台北市：新手父母。		

認知訓練活動設計12

單元名稱	符號捉迷藏		
適用對象	55歲以上長者、一般民眾		
活動時間	15分鐘	參與人數	1人
使用教材	事先準備教材： 1.四分之一的A4紙張大小。 2.簽字筆2支（不同顏色）。 隨機將不同的符號寫成3乘3的矩陣，用另一個顏色的筆在矩陣下方寫上要尋找的題目，並將這題目框起，與上面的符號區隔開來。		
活動目標	訓練觀察力、注意力。		
活動流程之內容設計		時間	活動資源或器材
【開場白】 這裡有好多好多符號哦，我想要的3個符號遺落在這些符號裡面，幫我找找看我要的符號在哪裡。		2分鐘	
【學習方案──符號捉迷藏】 1.開始在限定的範圍中，先找出題目區的第一個數字。 2.接著再看此數字的周圍是否有可接續之數字，逐一搜尋，將完整的數字序列找出來。		10分鐘	教材
【統整與總結】 謝謝你幫我找到了我需要的符號，我有禮物要回送給你，謝謝你幫了我一個大忙。		3分鐘	禮物
評量方式			
週間作業			
課後檢討	1.從3乘3的大小開始，再慢慢擴大。 2.長者可能會隨意搜尋，很容易就漏掉相關的符號。 3.可以提醒他，條列性地搜尋整個版面。 4.由左至右，由上至下，逐一確認，就可完整搜尋範圍中的每一個符號。		
注意事項			
參考資料	許正典、林希陶（2011）。《125遊戲，提升孩子專注力5》。台北市：新手父母。		
活動之使用教材			

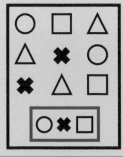

認知訓練活動設計13

單元名稱	連連看		
適用對象	55歲以上長者、一般民眾		
活動時間	35分鐘	參與人數	1人
使用教材	連連看圖片。		
活動目標	1.訓練長者的專注力。 2.練習數字大小的排序。 3.訓練長者手、腦的協調能力。		
活動流程之內容設計		時間	活動資源 或器材
【開場白】		分鐘	
【學習方案1——數字連連看】 1.按照數字的大小依序連接起來。 2.數字分組連接： 　(1)分顏色：用明顯的對比色來區分1-5的數字組。例如，紅 　　色、綠色。 　(2)分圖案：用明顯的圖案來區分1-5的數字組。例如，圓 　　形、星星。		10分鐘	連連看圖 片
【學習方案2——圖案連連看】 按照圖案的數量多寡，由少到多依序連接起來。		10分鐘	連連看圖 片
【學習方案3——跟著箭頭走】 依照箭頭的方向，依序連接起來。		10分鐘	連連看圖 片
【統整與總結】 連接完成過後，出現的圖案，可以讓長者學習說出此圖案的名 字。		5分鐘	
評量方式			
週間作業			
課後檢討	1.可以先從1-5的連連看開始，之後數字再慢慢往上加。 2.若數字超過10以上，也許長者會出現數字連接錯誤的情況，必須在一 　旁引導長者，往正確的方向連接。		
注意事項			
參考資料	九童國際文化（2013）。《潛能開發系列-頭腦開發03：線條遊戲4、 5、6歲》。台北市：九童國際文化。		

認知訓練活動設計14

單元名稱	迷宮		
適用對象	55歲以上長者、一般民眾		
活動時間	20分鐘	參與人數	1人
使用教材	迷宮圖片。		
活動目標	訓練長者的專注力、持續力、辨別能力。		
活動流程之內容設計		時間	活動資源或器材
【開場白】		分鐘	
【學習方案──迷宮】 1.由起點開始出發，碰到障礙物就不能再繼續往前，直至走到終點為止。 2.由起點開始出發，沿著相同的物品走，到達終點。		15分鐘	迷宮圖片
【統整與總結】 這個遊戲是希望幫助長者，在遇到障礙或困難的時候，要想辦法解決，不要因為碰到困難就產生負面的思想或是行為。		5分鐘	
評量方式			
週間作業			
課後檢討	有的長者會無視障礙物的存在，直接越過障礙物走。要提醒他遇到障礙物就不能走了，要改走別條路。		
注意事項			
參考資料	東雨編輯部（2012）。《開啟2歲寶寶的大腦遊戲書》。高雄市：東雨文化。		

認知訓練活動設計15

單元名稱	哼哼唱唱		
適用對象	55歲以上長者、一般民眾		
活動時間	40分鐘	參與人數	1人
使用教材	手機中的Youtube軟體。		
活動目標	放鬆身心、提升身心靈健康。		
活動流程之內容設計		時間	活動資源或器材
【開場白】 今天想唱什麼歌呢？		5分鐘	
【學習方案——哼哼唱唱】 挑選長者那個年代的歌曲，讓他能夠跟著哼哼唱唱。 1.月亮代表我的心 2.小城故事 3.掌聲響起 4.望春風 5.雨夜花 6.夜來香 7.酒矸倘賣嘸 8.台北的天空 9.我只在乎你（國語、日語） 10.甜蜜蜜 11.好好愛我		30分鐘	手機中的YouTube軟體
【統整與總結】 音樂具有療癒的功能，長者對老歌特別有感覺，即便是語言表達有障礙的長者，也能隨著旋律哼出曲調，並且提高長者參與的興趣，抒發病後的心情。		5分鐘	
評量方式			
週間作業			
課後檢討	1.選用大字幕版本的影片，長者才不會看得很吃力。 2.有的長者問他喜歡什麼歌，他不會說。所以，事先挑選好一些歌曲，以備不時之需。		
注意事項			
參考資料			

認知訓練活動設計16

單元名稱	增廣見聞		
適用對象	55歲以上長者、一般民眾		
活動時間	20分鐘	參與人數	1人
使用教材	報紙或是雜誌。		
活動目標	1.刺激長者的大腦活化。 2.培養長者閱讀的習慣。		
活動流程之內容設計		時間	活動資源或器材
【開場白】 平常有沒有閱讀報紙的習慣？我們來看看最近有發生什麼新聞，瞭解一下外面發生的事情。		3分鐘	
【學習方案──增廣見聞】 1.將報紙上的新聞內容與長者分享。 2.讓長者看圖片，帶領者可以藉由圖片解說裡面的文字內容，會讓長者更加明白裡面的內容所敘述的事情。		15分鐘	報紙
【統整與總結】 長者培養閱讀報紙的習慣，就算只是看圖片也好，刺激腦神經，能夠延緩腦部的退化。		2分鐘	
評量方式			
週間作業			
課後檢討	1.可以事先閱讀過報紙，根據不同的長者，從中挑選出長者有興趣的內容，來跟長者分享，提高長者參與在活動當中的興趣。 2.有的長者閱讀的能力已經下降，可以讓長者看圖片，由帶領者在一旁解說圖片的文字內容。 3.一些簡單的大標題，可以讓長者試著自己練習講看看。		
注意事項			
參考資料			

認知訓練活動設計17

單元名稱	彩繪小熊		
適用對象	55歲以上長者、一般民眾		
活動時間	95分鐘	參與人數	1人
使用教材	1.明信片、描圖紙。 2.搓搓筆、平筆、圓筆。 3.壓克力顏料（紅色、綠色、黃色、白色、咖啡色、黑色）。		
活動目標	1.訓練長者的觀察力、專注力。 2.提升長者右腦的想像力、創造力和問題解決能力。 3.透過色彩刺激感官，對長者的心理和生理產生作用。		

活動流程之內容設計	時間	活動資源或器材
【開場白】 我們今天來畫可愛的小熊，不用擔心不會太難。	2分鐘	
【學習方案——彩繪小熊】 1.工具（搓搓筆）： 　(1)沾咖啡色，用點的方式將小熊全部塗滿。 　(2)一半白、一半咖啡，也是用點的方式將小熊打亮。 2.工具（平筆）：畫草地。 3.工具（圓筆）：畫花圈、草地上的花草以及小熊的眼睛和鼻子。	90分鐘	名信片、描圖紙 工具：搓搓筆、平筆、圓筆 壓克力顏料
【統整與總結】 好厲害，畫得不錯哦，小熊畫得很可愛。	3分鐘	

評量方式	
週間作業	
課後檢討	1.在沾一半白、一半咖啡的顏料的時候，可以協助長者沾顏料。 2.盡量放手讓長者自己動手畫，才能讓長者有參與感。
注意事項	
參考資料	

認知訓練活動設計18

單元名稱	跟著骰子來運動		
適用對象	55歲以上長者、一般民眾		
活動時間	35分鐘	參與人數	1人
使用教材	事先預備道具：骰子2個。一個骰子貼數字1-6，另一個貼運動的圖案。		
活動目標	1.1-6數字概念的基本認知。 2.藉由遊戲，讓長者能夠起來活動筋骨。		
活動流程之內容設計		時間	活動資源或器材
【開場白】 我們現在來玩擲骰子遊戲，一起站起來動一動。		3分鐘	
【學習方案──跟著骰子來運動】 1.這裡有2個骰子，一個上面是1-6的數字，一個上面有6個不同的動作。 2.假如數字骰子骰到2，動作骰子骰到走路，向前走2步；假如骰到3、轉圈，就向前轉3圈。 3.選定一個距離的起點與終點，最先從起點走到終點的人獲勝。		30分鐘	骰子2個
【統整與總結】 動一動，對身體有益處。回去也可以跟家人一起玩不一樣的骰子遊戲。		2分鐘	
評量方式			
週間作業			
課後檢討	若長者有些動作做不太出來，可以協助他做，或是用簡單的動作來代替。		
注意事項	注意活動範圍的安全，像是周圍的椅子可以移走的就先移開。		
參考資料	http://www.kiddies.com.tw/index.php?REQUEST_ID=cGFnZT1wcm9kdWN0X2RldGFpbCZQSUQ9NTAz		

認知訓練活動設計19

單元名稱	拼拼湊湊		
適用對象	55歲以上長者、一般民眾		
活動時間	25分鐘	參與人數	1人
使用教材	3×3拼圖。		
活動目標	記憶能力、視覺區辨能力、分離性專注力、選擇性專注力。		
活動流程之內容設計		時間	活動資源或器材
【開場白】 我們現在來拼拼圖。		2分鐘	
【學習方案——拼拼湊湊】 一片一片慢慢的帶領長者拼湊出完成品。		15分鐘	拼圖
【統整與總結】 1.讚美長者將拼圖完成。 2.像在說故事一樣,與長者描述這個圖片裡的場景、情境是如何。		8分鐘	
評量方式			
週間作業			
課後檢討	1.拼圖的造型不需和外面買的一樣那麼複雜、精緻,用長方形的拼圖造型即可。 2.先從簡單的3×3的拼圖開始,之後再慢慢增加。		
注意事項			
參考資料			

認知訓練活動設計20

單元名稱	歡樂棒		
適用對象	55歲以上長者、一般民眾		
活動時間	25分鐘	參與人數	1人
使用教材	事先準備教材： 1.棒子、球：將報紙或是廢紙用膠布貼好做成。 2.紙箱：紅、綠色。 3.禮物。		
活動目標	訓練長者的手、眼協調能力。		

活動流程之內容設計	時間	活動資源或器材
【開場白】 我們現在來玩一個打球的遊戲，這個遊戲叫作歡樂棒。	2分鐘	
【學習方案──歡樂棒】 用棒子將球打入紙箱內： 1.限時1分鐘，打進最多球的人獲勝。 2.限時1分鐘，將球打進相同顏色的紙箱內，打進最多球的人獲勝。	20分鐘	棒子、球 紙箱2個
【統整與總結】 1.打進了好多球在箱子裡面，請長者數看看，有幾個球打進到紙箱內。 2.現在要來頒獎，準備一份禮物給長者。	3分鐘	禮物
評量方式		
週間作業		
課後檢討	1.紙箱的顏色需用強烈的對比色，長者才能夠區別。 2.用紙做成的棒子、球，比較不容易受傷，也比較環保。 3.準備禮物給長者，使長者在遊戲中得到成就感、滿足感。	
注意事項	1.場地維持淨空，不需要用到的東西先收起來。 2.遊戲前需提醒長者手要扶好，預防跌倒。	
參考資料		

附錄二　照顧服務員技術士技能檢定規範概述

　　工作範圍：秉持職業倫理，運用照顧相關知識、技能與情意，提供案主在日常生活中所需之協助與支持。

　　應具知能：應具備下列各項知識及技能，工作項目，技能種類，技能標準，相關知識。

一、身體照顧

(一)協助案主盥洗工作

　　1.能正確協助案主盥洗及整理儀容之技巧。

　　2.能正確執行指甲（趾甲）清潔與修剪。

　　3.能正確執行口腔及假牙清潔。

　　4.身體清潔對健康的影響及重要性。

　　5.身體清潔與舒適之需求。

(二)協助洗頭洗澡工作

　　1.能正確執行床上式之洗頭洗澡。

　　2.能正確執行盆浴式之洗頭洗澡。

　　3.能正確執行淋浴式之洗頭洗澡。

　　4.案主衛生與舒適照顧重點與技巧。

　　5.皮膚及足部照顧的知識及技巧。

(三)協助衣褲更換

　　1.能正確執行穿脫衣褲。

　　2.穿脫衣褲相關知識。

(四)鋪床與更換床單

　　正確鋪床與更換床單。

(五)協助大小便及便後清潔

　　1.能正確執行協助大小便之擺位。

　　2.能正確執行便後清潔技能。

　　3.能正確執行尿片之使用。

　　4.能正確執行尿管、套之清潔。

　　5.能正確執行尿壺之使用。

　　6.能正確執行便盆之使用。

　　7.能正確執行人工肛門基本處理。

　　8.正確協助執行大小便之訓練。

(六)協助會陰清潔

　　1.熟練的操作會陰清潔。

　　2.腸道及泌尿道排泄之需求。

　　3.排便、排尿之生理機轉及其影響因素。

　　4.腸道及泌尿道常見之問題及照顧。

　　5.翻身及拍背的重要性及方法。

(七)照顧皮膚

　　能正確執行皮膚及足部照顧。

(八)協助翻身及拍背

　　能正確執行擺位、翻身、拍背及拍痰。

(九)協助基本關節活動

1.能正確執行基本關節活動。

2.基本關節活動的項目及方法。

(十)測量生命徵象

1.能正確測量生命徵象

(1)體溫。

(2)脈搏。

(3)呼吸。

(4)血壓。

2.知覺的重要性及變化之意義。

3.生命跡象改變的影響因素。

(十一)熱敷及冰敷之應用

1.能正確使用熱敷及冰寶。

2.使用冷、熱敷的相關知識。

(十二)促進合宜睡眠的方法

1.能列舉案主合宜休息及睡眠的方法。

2.影響睡眠的因素。

3.促進睡眠的照顧措施。

二、生活照顧

(一)協助進食

1.能執行正確洗手步驟。

2.能正確測量案主之體重。

3.能依據案主進食能力執行備食、餵食、管灌食。

4.洗手之正確方法及意義相關知識。

5.營養及進食的相關知識。

(二)協助生活活動之安排

能正確協助案主：

1.上下床。

2.協助輪椅患者上下床。

3.熟練單人搬運法。

4.協助助行器及輔具的使用。

5.協助移位的運用原理與注意事項。

6.輔具的操作要領。

(三)協助生活活動

1.能適當安排案主日常生活及休閒。

2.日常生活活動及休閒之相關事項。

(四)協助用藥

1.能正確協助案主依時依量使用藥物。

2.用藥安全的相關事宜。

(五)陪伴就醫

1.能陪伴安全就醫

2.就醫的程序及注意事項。

(六)感染控制

1.能正確執行感控流程。

2.感染管制的基本知識。

三、家務處理

(一)協助家務處理

1.執行衣物洗滌及修補。

2.居家環境清潔與整理之要領。

3.居家安全的維持。

4.陪同或代購生活必須用品之技巧。

5.文書服務。

6.處理家務處理相關知識。

7.居家環境安全注意事項。

(二)家電及爐火使用安全

1.能正確使用家電及爐火。

2.用電、用火安全須知。

(三)垃圾處理

1.能正確執行垃圾分類及醫療廢棄物。

2.醫療廢棄物及垃圾分類相關知識。

四、緊急及意外事件處理

(一)維持呼吸道的暢通

能依據壓額、抬下巴的方式達成呼吸道的暢通。

(二)異物梗塞的處理

1.能正確執行擊背法。

2.能正確執行哈姆利克法（腹戳法）：

(1)站姿。

(2)坐姿。

(3)臥姿。

(三)人工呼吸

具備執行口對口或口對鼻人工呼吸的技能。

(四)胸外心臟按摩

1.能找尋胸外心臟按摩的正確位置。

2.能正確執行胸外心臟按摩的程序。

3.急救的意義及優先順序。

4.異物梗塞之處理方法與注意事項。

5.心肺復甦術之原理與步驟。

6.止血原理與方式。

7.休克的原理及立即處理要領。

8.肌肉骨骼損傷的初步處理要領。

9.包紮的目的與方法。

10.防火及安全設備之操作與使用時機。

11.緊急災害的疏散方式。

12.其他常見急症之初步處理（如低血糖、抽筋、嘔吐、燙傷、燒傷）。

(五)止血技能

能正確操作止血方法。

(六)休克簡易處理

能正確執行休克病人的姿位擺放。

老人居家健康照顧手冊

(七)肌肉骨骼損傷初步處理

能具備肌肉骨骼損傷的初步處理技能：

1.休息。

2.冰敷。

3.固定。

4.抬高。

(八)燒傷、燙傷的立即處理

1.執行緊急求救之步驟。

2.正確執行燙傷、燒傷之立即處理「沖、脫、泡、蓋、送」。

(九)災害（火災、水災、地震緊急處理）

1.熟練的操作滅火器。

2.能列舉災害發生時，緊急疏散的方法。

五、家庭支持

(一)人際關係與溝通技巧

1.能認識案主及案家的生理、心理及社會反應。

2.能與案主及案家有效溝通。

3.能說出與案主及案家相處常見溝通之問題及應對方式。

4.列舉各類身心障礙者的特質及需求。

5.溝通的要素及技巧。

6.人類生命週期的特質。

7.罹病對案主的影響。

8.與慢性病案主、老年案主或案家溝通常見之困難及應對要領。

9.身心障礙者的特質與需求。

(二)家庭照顧需求與協助

　　1.能列舉家庭主要照顧者常見的調適機轉。

　　2.能協助案主及案家尋求專業協助。

　　3.壓力與調適的相關知識。

　　4.社會資源的類型及運用。

(三)臨終關懷及認識安寧照顧

　　1.認識安寧照顧之精神及意義。

　　2.協助案主及案家面對死亡的相關事宜。

　　3.說出相關喪葬及警政衛政通報流程。

　　4.臨終關懷的精神、內容及措施。

　　5.安寧照顧的相關知識。

　　6.屍體處理的相關事項。

　　7.死亡的後續處理事宜。

六、職業倫理

(一)遵守工作倫理

　　1.能尊重案主及其家庭的隱私。

　　2.能維護案主的權益。

　　3.具備友善、敬業的服務態度。

　　3.維持儀容整齊、清潔。

　　4.認識預防照顧工作職業傷害之重要性。

　　5.照顧服務員工作範圍、角色及功能。

　　6.照顧服務的倫理及工作守則。

7.照顧工作職業傷害之相關知識。

(二)照顧服務相關法規

　　1.具備照顧服務相關法律及常識。

　　2.正確撰寫照顧服務紀錄。

　　3.民法、刑法、老人福利、身心障礙者保護法、護理人員法與
　　　照顧服務相關之法律概念。

附錄三　簡易基本生命徵象測量值記錄表

簡易基本生命徵象測量值記錄表

日期	體溫	脈搏	呼吸	血壓	體重
標準	36.5℃～37.5℃	72（60～100）	12～20次／分	120/80	
1					
2					
3					
4					
5					
6					
7					
8					
9					
10					
11					
12					
13					
14					
15					
16					
17					
18					
19					
20					
21					
22					
23					
24					
25					
26					
27					
28					
29					
30					
31					